Ernst von dem Knesebeck

Geschichte der kurhannoverschen Truppen

in Gibraltar, Menorca und Ostindien

Ernst von dem Knesebeck

Geschichte der kurhannoverschen Truppen

in Gibraltar, Menorca und Ostindien

ISBN/EAN: 9783955640088

Auflage: 1

Erscheinungsjahr: 2013

Erscheinungsort: Bremen, Deutschland

EHV
HISTORY

Geschichte

der

churhannoverschen Truppen

in

Gibraltar, Minorca und Ostindien

von

E. von dem Knesebeck,
Capitain im königlich hannoverschen Generalstabe.

Hannover, 1845.

Im Verlage der Helwingschen Hof-Buchhandlung.

Vorwort.

Die Geschichte der Hannoverschen Truppen, von der Errichtung des Churfürstenthums Hannover an bis auf die Schlacht von Waterloo, bietet eine reiche Fülle interessanter kriegerischer Ereignisse dar. Leider ruht das Meiste davon unbearbeitet in den Archiven des Landes und Auslandes, so weit der Zahn der Zeit die letzten Denkmäler des kriegerischen Ruhmes unserer Vorfahren noch verschont hat. Selbst bei solchen Gelegenheiten, wo die Hannoversche Armee mächtig eingriff in das Getriebe des Zeitrades, wo ihre Tapferkeit und Ausdauer den Gang der Weltereignisse mit bestimmen half, ist die nähere Kenntniß ihrer Thaten und Leiden mit der Generation erloschen, welche sie erlebt hatte. Wem unter uns sind heutiges Tages die Details der meisten der Ereignisse bekannt, welche die Campagnen des Herzogs Ferdinand von Braunschweig im nordwestlichen Deutschland verherrlichten? Und doch bildeten die Hannoverschen Truppen den Hauptbestandtheil seines Heeres, und doch ruhte die Last des sechsjährigen Kampfes mit der Krone Frankreich zum größten Theile auf unserm Churfürstenthum!

Eine andere Periode der Thätigkeit der vaterländischen Truppen, diejenige ihrer Theilnahme an den Revolutionskriegen, bot ihnen weniger Gelegenheit, Lorbeeren zu erringen, aber sie zeigte die Treue und Ausdauer derselben auch im unverschuldeten Unglück, und machte es augenscheinlich, daß sie noch mit Heldenmuth für Ehre und Pflicht zu streiten wußten, wenn der Sieg nicht zu erwarten und der Rückzug sicher anzunehmen stand. Der Verfasser hat sich einige Jahre mit der Sammlung von Quellen für die Geschichte der Feldzüge der Hannoveraner in den Niederlanden, während der Revolutionskriege, beschäftigt und hofft, daß Muße und andere Umstände ihm verstatten werden, demnächst eine zusammenhängende Bearbeitung derselben veröffentlichen zu können.

Er ergreift diese Gelegenheit, seine geehrten Landsleute, in deren Händen sich etwa noch Tagebücher oder Relationen einzelner Ereignisse dieses Krieges von Augenzeugen befinden sollten, freundlichst zu ersuchen, ihm eine Einsicht dieser Quellen verstatten zu wollen.

In der Epoche zwischen dem Siebenjährigen und den Revolutionskriegen bot sich für einige Hannoversche Truppentheile eine Gelegenheit dar, ihre kriegerischen Tugenden auf weit entlegenen Puncten dieses Erdtheils und selbst außerhalb Europas zu bewähren. Der Verfasser hat diese kriegshistorischen Episoden bearbeitet und bietet sie in den folgenden Blättern der nachsichtigen Beurtheilung des Publicums dar. Ein großer Theil des Mitgetheilten ist aus archivalischen Quellen geschöpft worden, welche bis dahin unbenutzt geblieben waren; auch glaubt der Verfasser alles Dasjenige eingesehen zu haben, was bis jetzt durch den Druck über diese Ereignisse veröffentlicht worden ist. Wenn übrigens die Darstellung weniger streng militairisch, als allgemein historisch gehalten ist, so dürfte das wohl in der Natur des behandelten Stoffes seine Rechtfertigung finden.

Zum Schluß erfüllt der Verfasser eine angenehme Pflicht, indem er seinen öffentlichen Dank ausspricht für die Liberalität, womit ihm die Benutzung des Landesarchives und der militairischen Registraturen verstattet, und für die Theilnahme und freundliche Unterstützung, die ihm bei seinen Arbeiten von mehren hochgestellten Männern zu Theil geworden ist.

Hannover, im Februar 1845.

E. v. d. Knesebeck.

Hannoversche Truppen in Gibraltar.

Die Zwistigkeiten Englands mit seinen Nordamericanischen Colonien hatten im Anfange des Jahres 1775 einen solchen Grad erreicht, daß ein naher Ausbruch von Feindseligkeiten bevorzustehen schien. Alle disponibeln Truppen wurden daher nach America beordert, ihre Anzahl war jedoch nur gering und keineswegs genügend, um das ausbrechende Feuer dämpfen zu können. Das Englische Ministerium wandte sich daher an den König Georg III. und schlug ihm vor, 5 Bataillons seiner Churhannoverschen Truppen in Englischen Sold zu nehmen und durch sie eben so viele Englische Regimenter ablösen zu lassen, welche einen Theil der Besatzungen von Gibraltar und Minorca ausmachten. Diese Regimenter sollten alsdann, nach Ankunft der Hannoverschen Truppen, gleichfalls nach America beordert werden. Der König genehmigte die Anträge seines Englischen Ministeriums und erließ am 14. Juli 1775 ein Rescript an den Feldmarschall von Spörcken zu Hannover, worin er diesem seine Absicht vorläufig zu erkennen gab und ihm befahl, geeignete Vorschläge hinsichtlich der zu commandirenden 5 Bataillons und ihrer Stabsofficiere zu machen. Den Obristen de la Motte, Chef des zu Verden garnisonirenden Infanterie-Regiments, bestimmte der König zum Obercommando der 5 Bataillons, welches später wegen der getrennten Garnisonen eine Aenderung dahin erlitt, daß der Obrist la Motte die 3 Bataillons in Gibraltar, der Obrist von Sydow, vom Infanterie-Regimente von Goldacker, die 2 Bataillons in Minorca, Jeder in der Stellung eines Brigadiers, befehligen sollte.

Die 5 Hannoverschen Bataillons, welche zum auswärtigen Dienst commandirt wurden, waren:

das 1. Bataillon von Reden, unter dem Obristlieutenant von Walthausen;

das 1. Bataillon von Hardenberg, später genannt von Sydow, unter dem Obristlieutenant von dem Bussche;

das 1. Bataillon la Motte, unter dem Obristen la Motte und Major von Schlepegrell;

das 2. Bataillon Prinz Ernst von Mecklenburg, unter dem Obristlieutenant von Linsingen und

das 2. Bataillon von Goldacker, unter dem Obristen von Sydow und Major von Hager.

Die 3 erstgenannten Bataillons wurden nach Gibraltar, die beiden letzten nach Minorca beordert.

In der Formation der Bataillons wurde Nichts verändert, nur wurden die Etats verstärkt. Jedes Bataillon zählte 1 Grenadier- und 5 Musketier-Compagnien, die erstere, incl. Officiere und Unterofficiere, zu 85, die letzteren jede zu 75 Köpfen, der Mittel- und Unterstab bestand aus 13 Personen. Jeder der beiden Brigaden wurden 2 Feldprediger und 2 Auditeurs beigegeben. Das Bataillon bestand im Ganzen aus 473 Mann incl. der Officiere; es war jeder Compagnie erlaubt, 2 Soldaten-Frauen mitzunehmen. *)

Eine eigentliche Convention zwischen der Krone England und der Krone Hannover wurde nicht abgeschlossen, so sehr die Hannoverschen Behörden auch darauf drangen. Der König sprach seine Willensmeinung über die Verhältnisse seiner in den Englischen Sold tretenden Hannoverschen Truppen, in 6 sogenannten Präliminar-Artikeln aus, welche von seinem Chef der Deutschen Canzlei, dem Hannoverschen Geheimen Rath von Alvensleben, unterzeichnet waren und in dem Englischen Schatzkammeramte deponirt wurden. Diese Artikel, welche die Anlage B. enthält, sind datirt, London den 12. August 1775, und bestimmen, daß die 5 Hannoverschen Bataillons nur in Europa verwandt werden und vom Tage der Einschiffung an bis zu dem der Wiederausschiffung im Lande in Englischen Sold treten sollen; hinsichtlich der Religion und Justiz sollen sie nach ihren eigenen Vorschriften und Gesetzen behandelt werden, und alle durch sie erwachsenen Ausgaben jeder Art, mit Einschluß ihrer Recrutirung und der Verstärkung der Regimenter im Lande, um den Abgang dieser Mannschaft zu ersetzen, sollen von der Krone England getragen werden,

---

*) Siehe Verzeichniß der in Minorca und Gibraltar gewesenen Officiere in der Anlage A.

wobei der König jedoch jeden Gewinn für seine Cassen von der Hand weis't.

Die genannten 5 Bataillons wurden durch Abgabe von Mannschaft der im Lande bleibenden Regimenter bald completirt und waren schon am 1. September zur Einschiffung bereit. Feldequipage wurde nicht angeschafft, jedoch erhielten die Officiere zu ihrer Einrichtung zwei Drittel der gebräuchlichen Equipirungsgelder unter dem Namen von Douceurs angewiesen. Die Bataillons wurden von einem Englischen Officier, dem Obristen Faucitt, gemustert, und sollten darauf ihrem Herrn, als Könige von England, einen neuen Eid schwören, was jedoch auf Gegenvorstellungen von Hannover aus unterblieb, da in ihrem allgemeinen Diensteide schon die Verpflichtung gegen den Churfürsten und König ausgesprochen war; die Bereitwilligkeit der Mannschaft zu diesem auswärtigen Dienst zeigte sich so groß, daß kein Mann vor der Einschiffung desertirte, und da die Bataillons nur einige leichte Kranke zählten, so gingen sie ganz vollzählig in die See. Die Einschiffung verzögerte sich, wegen späten Eintreffens der Englischen Transportschiffe, bis zum Anfange des folgenden Monats. Am 5. October wurden die 2 nach Minorca bestimmten Bataillons und am 6. die 3 andern zu Ritzebüttel eingeschifft. Die Truppen waren auf 17 Transportschiffen bequem untergebracht; 2 Englische Kriegsschiffe geleiteten die Convoy.

Heftige Nordwestwinde hielten die kleine Flotte bis zum 1. November in der Mündung der Elbe zurück. Endlich ging man in die See, aber nach einer sehr stürmischen

Fahrt kamen nur 15 Transportschiffe glücklich respective zu Gibraltar und Minorca an, die beiden übrigen erreichten den Ort ihrer Bestimmung nicht.

Das eine dieser Schiffe war der Briton und trug den Obristlieutenant von Linsingen nebst 7 andern Officieren und 108 Mann vom Regimente Prinz Ernst. Es gerieth am 4. November Morgens 4 Uhr auf eine Sandbank in der Nähe von Dünkirchen. 2 Stunden lang erlitt das Schiff die heftigsten Stöße und war jeden Augenblick in Gefahr zertrümmert zu werden. Endlich zerbrach das Steuerruder und das Schiff wurde wieder flott, zog jedoch so viel Wasser, daß nur das angestrengteste Pumpen es vom Sinken retten konnte. Zum Glück war der Wind günstig und trieb es gerade auf den Hafen von Dünkirchen los. Auf die häufigen Nothschüsse liefen eine Menge kleiner Fahrzeuge von Dünkirchen aus, welche die gesammte Mannschaft retteten und auch das Wrack glücklich in den Hafen hinein bugsirten.

Viel tragischer war das Schicksal der Unity, auf welchem sich der Obristlieutenant von Walthausen mit 7 andern Officieren und 175 Mann vom Regimente von Reden befanden; die bedeutungsvolle Lehre, welche sich in diesem Ereignisse ausspricht, verdient wohl, daß wir etwas länger dabei verweilen. Die Fahrt war sehr glücklich von Statten gegangen bis zum Morgen des 13. November, als plötzlich ein Schiffsjunge ganz entfärbt in die Cajüte trat, wo sich der Schiffscapitain mit den Hannoverschen Officieren befand, und ersteren herausrief. Nach einiger Zeit kam dieser zurück und schrie voller Bestürzung, das Schiff habe einen großen Leck erhalten und werde gleich sinken. Er ließ ein kleines unbrauchbares Boot in die See werfen und die zwei andern noch vorhandenen aussetzen, so daß sie in Tauen neben dem Schiffe über der See hingen, welche sehr hoch ging. 4 Matrosen und 7 Officiere des Detachements warfen sich in eins dieser Boote; die Taue wurden abgehauen und unmittelbar darauf das Boot mit sämmtlichen darauf befindlichen Personen von den Wogen verschlungen. Der Capitain lief nun nach dem andern Boote und warf sich hinein; ihm folgten der Steuermann und einige Matrosen, auch mehre Unterofficiere und Leute. Damit nicht zu viele Personen sich hinein drängten, wurden die Taue übereilt abgehauen, und auch dieses Boot ging auf der Stelle unter; nur ein Matrose rettete sich wieder auf das Schiff.

Der Einzige, welcher in diesem unglücklichen Momente nicht den Kopf verlor und sich weder durch die wahnwitzige Verzagtheit des Schiffscapitains, noch durch den traurigen Kleinmuth sämmtlicher übrigen Officiere anstecken ließ, war der Lieutenant und Regiments-Quartiermeister Wiedeburg. Er widerstand allen noch so dringenden Anforderungen sich in eins der Boote zu begeben und beruhigte die Mannschaft, welche in der äußersten Bestürzung war, einigermaßen durch das Versprechen mit ihr zu leben und zu sterben. Es war kaum eine Viertelstunde verflossen, seit die Gefahr, worin das Schiff schwebte, entdeckt war, und schon war Niemand mehr am Leben, der das Schiff zu leiten verstanden hätte, und kein Officier, außer Wiedeburg, mehr am Bord. Seine energische Unerschrockenheit und Thätigkeit rettete den Meisten der Uebriggebliebenen das Leben.

Es zeigte sich, daß das Schiff unter seinem Kohlenbehälter einen großen Leck erhalten hatte, dem nicht beizukommen war. Es wurden deshalb Pumpen angesetzt, und die Mannschaft in verschiedenen Ablösungen fortwährend dabei in Thätigkeit erhalten. Von der ganzen Schiffsmannschaft waren nur 6 unwissende Matrosen übrig geblieben, welche durchaus nicht wußten, in welcher Gegend man sich befand. Es wurden Nothsignale ausgesteckt und man hoffte von einem andern Transportschiffe, welches sich noch in der Nähe befand, aufgenommen zu werden. Die See ging indessen viel zu hoch und man verlor in der nächsten Nacht dieses Schiff aus den Augen. So verflossen 3 Tage und 3 Nächte in fortwährender Arbeit und Todesgefahr, bis man endlich ganz in der Nähe Land sah und kein Mittel übrig blieb, als gerade darauf los zu steuern.

Es war am Morgen des 16. Novembers als die Unity an der Französischen Insel Rhé, zwischen Rochefort und la Rochelle gelegen, strandete, und an diesem und den folgenden Tagen wurde die Mannschaft durch die unermüdlichen und heldenmüthigen Anstrengungen der Bewohner der Insel, besonders aber des dort in Garnison liegenden Regiments Royal Corse, unter dem Obristlieutenant de Marenghe und dem Grafen Gerlis, glücklich gerettet, bis auf 2 Soldaten, welche ertranken.

Der Verlust des Detachements bestand aus 6 Officieren, 1 Regiments-Feldscheer, 4 Unterofficieren, 1 Hautboisten, 7 Gemeinen und 1 Frau. Gerettet wurden, 1 Officier, 163 Mann und 4 Frauen.

Die beiden schiffbrüchigen Hannoverschen Abtheilungen wurden nach einiger Zeit auf andern Fahrzeugen nach Gibraltar und Minorca gebracht, wobei das Detachement des Regiments von Reden von Neuem großen Gefahren ausgesetzt war, welche es jedoch mit Hülfe eines tüchtigen Schiffscapitains glücklich überwand; den Lieutenant Wiedeburg beförderte Georg III., der das Verdienst jeder Art gern anerkannte, extraordinair zum Capitain.

Indem wir uns vorbehalten, die Ereignisse auf der Insel Minorca später nachzutragen, beschäftigen wir uns für jetzt nur mit den Schicksalen der Hannoverschen Brigade zu Gibraltar. Sie traf in der zweiten Hälfte des November, mit Ausnahme der Unity, glücklich an dem Orte ihrer Bestimmung ein und wurde von dem Vice-Gouverneur, Generalmajor Boyd, mit der Herzlichkeit eines alten Cameraden aufgenommen und in den Baracken der Stadt untergebracht. Der erste Gouverneur, Generallieutenant Eliott, war abwesend und traf erst im April 1777 in Gibraltar ein. Die 3 Englischen Regimenter, welche die Hannoversche Brigade abzulösen bestimmt war, wurden darauf auf den Fahrzeugen eingeschifft, auf denen die letztere hergeführt war, und vertauschten ungern eine angenehme Garnison mit den Urwäldern Nordamericas.

Der General Boyd hatte im Siebenjährigen Kriege auf dem Stabe des Herzogs Ferdinand von Braunschweig gedient und war seinem erlauchten Feldherrn noch mit ganzer Seele ergeben. Der Letztere stand überhaupt damals in der Englischen Armee fast in demselben Ansehen, als heutiges Tages der Herzog von Wellington; wie sehr die Hannoveraner, welche 6 Jahre lang Gefahr und Ruhm mit ihm getheilt hatten, ihn verehrten, bedarf wohl keiner Versicherung. Alle Jahre pflegte der Vice-Gouverneur den Geburtstag des Helden aus dem Stamme der Welfen mit einem großen Balle zu feiern. Am 12. Januar 1776 nahmen die Hannoveraner zum ersten Male Theil an diesem Feste. Jeder Officier, der unter dem Herzoge gedient hatte, erhielt an diesem Abende von der Gemalinn des Generals eine seidene Schleife in den Braunschweigischen Farben und trug sie so lange, als der Ball währte. Solche kleine Züge befestigten sehr bald die Waffenbrüderschaft zwischen den Englischen und Hannoverschen Officieren, und nie wurde im Laufe von 9 Jahren die Einigkeit zwischen ihnen gestört.

Der Dienst wurde mit der größten Pünctlichkeit und Genauigkeit betrieben, war jedoch nicht sehr fatigant, da die Stärke der Garnison im Verhältnisse der Stärke der aufziehenden Wachen sehr bedeutend war. Etwa $1/_{10}$ der gesammten Mannschaft kam täglich in Dienst, der übrige Theil wurde mit Exerciren und mit Arbeiten an den Festungswerken beschäftigt; für die letzteren erhielten die Soldaten eine Arbeitszulage, welche ihre pecuniäre Lage ganz behaglich machte. Die Verpflegung war gut, das Leben überhaupt nicht sehr theuer; die Englische Gage, welche freilich den Unterofficieren und Gemeinen, bei der Umsetzung in Spanische Münze, zu einem sehr unvortheilhaften Course berechnet wurde, reichte für die Bedürfnisse der wenig verwöhnten Hannoveraner völlig aus.

Die Aufmerksamkeit dieser letzteren wurde in der ersten Zeit durch die Neuheit der Erscheinungen, welche sich ihnen in Gibraltar darboten, gänzlich in Anspruch genommen. Der südliche Himmel mit seinen ungewohnten Producten, die herrliche Aussicht von der Spitze des Felsens über 2 Meere und 2 Welttheile, selbst das Getreibe der Urbewohner des Felsens, des Heeres der Affen, in seinen unersteiglichen Klüften und Felsenhöhlen, beschäftigten Officiere und Mannschaft.

Vor Allem aber erregte die felsige Halbinsel, auf welcher von nun an die Hannoversche Brigade über 8 Jahre verweilen sollte, ihre größte Aufmerksamkeit. Es erstreckt sich dieser Felsen von Norden nach Süden in einer Länge von kaum ⅔ geographischen Meilen bei einer Breite von Westen nach Osten, welche nirgends völlig ¼ Meile erreicht. *) Mit dem Spanischen Festlande ist er durch eine sandige Ebene verbunden, welche nach vielen Anzeichen in alten Zeiten vom Meere bedeckt gewesen sein muß. Die Alten verglichen die Form der Halbinsel mit einem Eimer

---

*) Siehe den Plan № 1.

und nannten sie daher Calpe; sie bildete mit dem gegenüberliegenden Abyla (Ceuta) die bekannten Säulen des Hercules. Die Bay von Gibraltar bietet einen nach 3 Weltgegenden gesicherten Hafen für Hunderte von Schiffen dar, welcher um so wichtiger ist, als man nur bei Ostwind durch die Straße von Gibraltar in den Atlantischen Ocean fahren kann. *) Noch größere Sicherheit gewährt der eigentliche Hafen von Gibraltar, welcher durch zwei künstliche Steindämme, die alte und neue Mole genannt, auch gegen Süden geschützt und so tief ist, daß die meisten Schiffe unmittelbar am Quai des Ufers zu ankern vermögen. Jedoch befinden sich zwischen beiden Molen Klippen, welche die Einfahrt in den Hafen gefährlich machen.

Der Felsen von Gibraltar erhebt sich bis auf 1372 Englische Fuß über dem Meeresspiegel und fällt nach Norden, Osten und Süden steil ab, so daß das Ersteigen desselben von diesen Seiten mit großen Schwierigkeiten verknüpft ist. Sein westlicher Fuß lehnt sich an eine Ebene, in welcher die Stadt Gibraltar und ein freier Raum sich befinden, der von der Garnison als Exercirplatz benutzt wird.

So fest die Natur diese Halbinsel auch geschaffen hat, so viel hat die Kunst noch hinzugefügt, um sie ganz uneinnehmbar zu machen. Eine Erfahrung von 13, meist unglücklichen Belagerungen hat die Puncte genau kennen

*) Siehe den Plan № II.

gelehrt, welche möglicherweise einem Angriffe ausgesetzt sein können. Die ersten Befestigungen schreiben sich von den Arabern her, welche den Felsen von Gibraltar mit der am Fuße desselben liegenden Stadt Heraclea im Jahre 712 N. Ch. in Besitz nahmen. Von ihren Festungswerken ist im Wesentlichen nur das sogenannte Maurische Castell übrig geblieben, welches nördlich der Stadt Gibraltar liegt, diese beherrscht und gewissermaßen als Citadelle der Festung angesehen werden kann. In den spätern Jahren bis auf Kaiser Carl V. geschah wenig zur Vermehrung der Festungswerke. Dieser Kaiser ließ den Deutschen Ingenieur Speckel kommen und durch ihn eine regelmäßige Festung hier anlegen. Von ihm rühren die Linien über dem Süder-Thore her, an dessem Eingange noch das Wappen Carls V. in Stein gehauen befindlich ist. Seit dem Jahre 1704, wo die Festung in die Gewalt der Engländer gerieth, ist Nichts vernachlässigt worden, um ihre Stärke zu vermehren. So schmal auch die beiden Zugänge von der Spanischen Seite her sind, so furchtbar waren die, zum Theil in den Felsen eingehauenen Batterien, welche diese Zugänge vertheidigten und bis zu vier Etagen über einander angelegt waren. Von diesen nehmen die Königinn- und Königs-Linien die erste Reihe ein, hinter ihnen befanden sich die Prinzeß-Linien und die furchtbaren Willis-Batterien, die schon vor der Belagerung mit 70 Kanonen und Mortieren schweren Calibers besetzt waren und während der Belagerung noch vergrößert wurden. Die beiden in die Festung führenden Wege waren durch einen Sumpf, Rest einer frühern Ueberschwemmung, von einander getrennt und durch 2 Tambourwerke geschlossen, welche die Namen Forbes und Bayside führten. Hinter ihnen lag die Grand battery, welche mit 28 Kanonen besetzt war und sich an die Nordbastion anschloß.

Die Stadt war nach der Seeseite von bastionirten Fronten umgeben, welche aus Quadersteinen aufgemauert worden und sehr stark mit Geschütz besetzt waren. Die ungefähr in der Mitte liegende König Georgs-Bastion zählte allein 28 Geschütze, die Südbastion aber deren 34. Unabhängig von dieser Enceinte befand sich auf der alten Mole eine schöne casemattirte Batterie von 17 Kanonen. Zwischen dem Südthore und der neuen Mole lagen eine Anzahl kleiner Batterien, von denen mehre den Namen der Princeß of Wales's Lines führten. Die neue Mole und die daran stoßende Rosia Bay wurden durch verschiedene starke Batterien vertheidigt. Sie standen mit andern Werken in Verbindung, welche den südlichen kaum angreifbaren Theil der Halbinsel und das ihn umspülende Meer beherrschten. Auf dieser Landzunge befindet sich ein Plateau, der Windmühlenberg genannt; die äußerste vorspringende Spitze führt den Namen: Punta di Europa. Nur die Ostseite, wo der Felsen durchgängig in einer Höhe von gegen 1000 Fuß sich fast senkrecht herabstürzt und daher ein Angriff rein unmöglich ist, hatte keine Befestigungen erhalten. An dieser Seite des Felsens haus't das Heer der Affen und befindet sich in dessen unbestrittenem Besitz.

Die meisten Batterien waren casemattirt und im Ganzen bestrichen gegen 600 Geschütze jeden möglichen Zugang von der See wie von der Landseite. Der Felsen enthält mehre Höhlen und Klüfte, welche im Falle der Noth als Reservemagazine benutzt werden konnten. Unter diesen zeichnet sich die Georgshöhle durch Größe und merkwürdige Formation aus.

Das Brunnenwasser in Gibraltar ist größtentheils salzig und von schlechtem Geschmack. Es wird jedoch völlig ersetzt durch das herrlichste Cisternenwasser, welches aus den vielen Höhlen und Klüften des Felsens in große Bassins und von diesen wieder durch unterirdische Canäle nach allen Richtungen hin geleitet wird. Nie, auch im heißesten Sommer nicht, fehlt es an gutem, reichlichem Wasser. Der öde Felsen eignet sich wenig zum Anbau von Früchten und Gemüsen, doch wird jeder brauchbare Fleck dazu benutzt, ohne indessen dem Bedarf auch nur einigermaßen zu genügen.

Nach mehren vergeblichen Versuchen Gibraltar wieder zu erobern, beschlossen die Spanier endlich, die Festung ganz vom festen Lande zu isoliren und legten deshalb 1731 auf der sandigen Landenge zwischen ihr und San Roque Linien an, deren beide Flügel, die durch Forts gedeckt waren, sich an das Meer lehnten. Zugleich wurde bei Lebensstrafe verboten, von den umliegenden Spanischen Ortschaften Lebensmittel in die Festung zu bringen. Die Engländer sahen sich daher genöthigt, ihre Bedürfnisse aus der Berberei zu beziehen, was sie noch bis auf den heutigen Tag fortsetzen, obgleich das Spanische Verbot längst seine

Kraft verloren hat. Seit dem Jahre 1727 war indessen Spanischer Seits kein Angriff auf Gibraltar unternommen worden, und es fand noch in den ersten Jahren nach Ankunft der Hannoverschen Brigade zwischen den Spanischen Truppen, welche auch im Frieden fortwährend die Linien von San Roque besetzt hielten, und der Englischen Garnison ein freundschaftlicher Verkehr statt.

Das Leben der Hannoverschen Officiere und Militairbeamten bot während dieser Zeit manche Annehmlichkeit dar. Die Gebildeteren unter ihnen beschäftigten sich viel mit der Erlernung der Englischen und Spanischen Sprache, mit historischen Studien, die sich auf Gibraltar und dessen Umgebungen bezogen, so wie mit geognostischen, botanischen und meteorologischen Forschungen. Manche interessante Notizen über diese letztern Gegenstände sind der Vergessenheit entrissen worden; vor Allem verdient jedoch ein Tagebuch Erwähnung, welches von dem Auditeur Friedrichs geführt und in dem Hannoverschen Magazin der Jahre 1785—1789 abgedruckt ist. Es enthält außer vielen topographischen und andern wissenschaftlichen Bemerkungen eine umständliche Erzählung der ganzen Belagerungsgeschichte, wie der Verfasser sie von seinem Standpuncte aus ansah. Dieses Tagebuch, so wie die von dem nachherigen General von Scharnhorst in dem neuen militairischen Journal veröffentlichte Geschichte der Belagerung von Gibraltar, welche sich vorzugsweise mit der artilleristischen Seite derselben beschäftigt, sind in den nachfolgenden Blättern häufig benutzt worden.

Mancher Ausflug wurde von den Hannoverschen Officieren nach den Spanischen Städten in der Nähe, selbst nach Italien und den Africanischen Raubstaaten unternommen. In der Festung waren die gastlichen Räume des Vice-Gouverneurs wöchentlich einmal dem Officiercorps geöffnet, und auch an den andern Tagen fehlte es nicht an geselligen Unterhaltungen. Die Ankunft des ersten Gouverneurs störte keinesweges diese angenehmen Verhältnisse; und bald wußte sich dieser ausgezeichnete Mann die Liebe und Achtung der Hannoverschen Brigade eben so sehr zu gewinnen, wie der General Boyd beide schon besaß. Diese Gefühle und Gesinnungen steigerten sich für den Erstern im Verlaufe der nachherigen Belagerung bis zur größten Verehrung und äußersten Hingebung.

Georg August Eliott war im Jahre 1718 auf dem väterlichen Landsitze zu Stobbs in Schottland geboren und stammte aus einer alten Baronetsfamilie, deren Stifter Wilhelm den Eroberer aus der Normandie nach England begleitet hatte. Schon früh widmete er sich dem Militairstande und machte auf der Französischen Kriegsschule zu la Fère, und nachher auf der Ingenieurschule zu Woolwich, seine Studien in der Mathematik und Fortification. Dann trat er jedoch in die Cavallerie über, durchlief rasch die untern Officiersgrade und fand schon 1743, bei Dettingen, als Obristlieutenant der reitenden Grenadiergarde, Gelegenheit sich rühmlich auszuzeichnen. Im Siebenjährigen Kriege stand er an der Spitze eines leichten Cavallerieregiments, welches er selbst geworben hatte, und erwarb sich und seinem Regimente durch Kühnheit und Thätigkeit einen ehrenvollen Namen in der alliirten Armee. 1759 wurde er Generalmajor und kehrte 1761 nach England zurück, um gleich darauf an der glänzenden Expedition nach der Havanna Theil zu nehmen, welche die Englischen Truppen und Seeleute, unter dem Admiral Pocock und General Grafen Albemarle, so sehr mit Ruhm krönte und ihnen eine unermeßliche Beute zuführte. Bei allen diesen Veranlassungen bewies Eliott eben so viel Muth und kriegerische Umsicht im Gefechte, als Mäßigung und Edelmuth gegen die Ueberwundenen, und überall wurde sein Name mit Ehrfurcht genannt. Im Jahre 1765 wurde Eliott zum Generallieutenant befördert und erhielt 10 Jahre später die Stelle eines commandirenden Generals in Irland, welche er jedoch bald darauf gegen die des ersten Gouverneurs von Gibraltar vertauschte. Hier würdigte ihn das Schicksal, am Abende eines thatenvollen Lebens als Sieger aus einer der merkwürdigsten Belagerungen aller Zeiten hervorzugehen und den Lorbeerkranz unsterblichen Nachruhms sich auf das ergraute Haupt drücken zu dürfen.

Das gute Vernehmen mit Spanien nahm nämlich im Juni 1779 ein plötzliches Ende. Der unglückliche Krieg, welchen England mit seinen Nordamericanischen Colonien führte, die von Frankreich ziemlich offen unterstützt wurden, führten bald zum Bruche mit der letztern Macht. An diese schloß sich Spanien an, in Folge des Bourbonischen Familienvertrages, und wohl noch mehr in Folge des persönlichen Hasses des Königs Carls III., welcher eine ihm von einem Englischen Admiral zugefügte Beleidigung, als er noch König von Neapel war, nicht vergessen konnte. Da nun außerdem die Herrschaft der ketzerischen Engländer über Gibraltar jedem rechtgläubigen Spanier fortwährend ein Dorn im Auge war, so war nichts natürlicher, als daß sich vorzugsweise gegen diese Festung der Unternehmungsgeist der letztern richtete. Die Bedrängniß, in welcher England damals sich befand, ließ die Hoffnung aufkommen, dem Britischen Löwen dieses Spanische Kleinod wieder aus den Klauen reißen zu können.

Der Gouverneur Eliott war auf eine Belagerung gefaßt, hatte jedoch einen so raschen Schritt der Spanier nicht erwartet, als ihm der in den Linien von San Roque commandirende Spanische General Mendoza am 21. Juni plötzlich die Feindseligkeiten ankündigen ließ. Viele Officiere der Garnison, worunter auch mehre Hannoversche, befanden sich damals auf Urlaub in verschiedenen Spanischen Orten und fanden kaum noch Zeit und Gelegenheit, zum Theil mit Zurücklassung ihrer Effecten, die Festung zu erreichen. Ein Officier vom Regimente von Reden fiel dabei den Spaniern in die Hände und wurde kriegsgefangen gemacht. Die Garnison von Gibraltar bestand damals aus 5 Englischen *) und 3 Hannoverschen Bataillons, welche mit Einschluß der Artillerie eine Stärke von kaum 5400 Mann erreichten. Auf die Generale Eliott und Boyd folgte als Dritter im Commando der 1776 avancirte Ge-

*) Den 12., 39., 56., 58. u. 72. Regimentern

neralmajor de la Motte; dem Ingenieurwesen stand der Obrist und nachherige Generalmajor Green vor, die Artillerie wurde commandirt von dem Obristen Tovey und dem Major Lewis.

Die Truppen vor der Festung, welche sich jedoch erst allmälig in den Sommermonaten des Jahres 1779 in dem Lager bei San Roque einfanden, wurden befehligt von dem Generallieutenant Don Alvarez de Soto Mayor, und bestanden aus 18 Bataillonen Infanterie, 1 Bataillon Artillerie, 8 Schwadronen Cavallerie und 4 Schwadronen Dragoner. Zu gleicher Zeit wurde die Bay von Gibraltar von einer Spanischen Flotte von 3 Linienschiffen, 3 Fregatten und 9 kleineren Fahrzeugen, unter dem Oberbefehle des Commodores Don Antonio Barcelo streng blockirt. An Englischen Kriegsschiffen lagen im Hafen von Gibraltar nur ein Linienschiff von 60 Kannonen und 3 kleinere Fahrzeuge.

Schon vor Ausbruch der Feindseligkeiten hatte der Gouverneur Eliott alle Maßregeln getroffen, um durch die Ereignisse nicht überrascht zu werden. Er hatte Befehl gegeben, daß jeder Einwohner, deren Zahl im Ganzen nicht 3000 überstieg, sich mit Lebensmitteln auf 6 Monate versorgen sollte und hatte diejenigen aus der Festung gewiesen, welche diesem Befehle nicht nachkommen konnten. Auch mußte ein Theil der Einwohner Arbeitsdienste versehen und gleich Anfangs nach Ausbruch des Krieges verschiedene Sandhügel abtragen, welche sich zwischen den Spanischen und Englischen Werken befanden und der Wirkung des Geschützfeuers von der Festung hinderlich waren. Die Artillerie, welche aus kaum 500 Mann bestand, vermehrte er durch einige hundert Infanteristen der Englischen Bataillons. Auch formirte er ein Schützencorps von 2 Officieren, 4 Unterofficieren und 80 Gemeinen aus Engländern und Deutschen, zu denen der Lieutenant von Belleville, des Bataillons de la Motte, commandirt wurde, und welche sich besonders im Feuern mit Wallmusketen üben mußten. Die Werke wurden sämmtlich vollständig armirt und an der östlichsten Spitze des Felsens neue angelegt, welche die Spanischen Linien enfilirten. Die beiden Hauptlandungsplätze bei der alten und neuen Mole wurden mit Mastbäumen, welche durch Klammern und Ketten befestigt waren, verschlossen, um eine Landung von Seiten der Spanier unmöglich zu machen.

Die ersten wirklichen Feindseligkeiten fanden am 5. Juli statt, wo die Spanier auf die Englische Fregatte Enterprize feuerten, welche einige Transportschiffe in die Festung convoyirte. Am 12. September wurde der erste Schuß von der Festung gegen die Spanischen Linien gefeuert, welche um diese Zeit erst mit Geschütz und Munition versehen wurden; bei der weiten Entfernung der Linien (über 2000 Schritt) war dieses Feuer jedoch von geringer Wirkung, bis man anfing 5½ zöllige Bomben aus 24 Pfündern zu schießen, wodurch die feindlichen Arbeiter häufig in Unordnung gebracht wurden. Indessen begnügten sich die Spanier damit, ihre Linien zu armiren, ohne die Festung von der Landseite anzugreifen. Ihre ganze Hoffnung setzten sie auf die Blockade, welche von dem tüchtigen Don Barcelo mit so großer Strenge durchgeführt wurde, daß nur wenige Fahrzeuge, und nicht immer mit Glück, es versuchten, sich hindurchzuschleichen. Von Anfang Juli 1779 bis Mitte Januar 1780 kamen nur 15, meist kleine Fahrzeuge mit Lebensmitteln in Gibraltar an und der Mangel an frischem Fleische und Gemüse und an Feuerung, ja selbst an Brot, wurde am Ende sehr drückend. Schon im August empfahl Eliott den Einwohnern die größte Sparsamkeit mit Lebensmitteln, später mußten die Bäcker mit Wachen geschützt werden, damit beim Ausgeben des Brotes ihre Laden nicht zerstört wurden, so groß war der Andrang der Käufer. Die wöchentliche Portion eines Soldaten bestand aus 7 Pfund Weizenbrot oder Schiffszwieback, 2½ Pfund gesalzenem Rindfleisch und 1 Pfund gesalzenem Schweinefleisch, 4 Pint*) Erbsen, 3 Pint Hafermehl und 10 Unzen Butter. Diese letztere wurde späterhin abgezogen und durch etwas mehr Hafermehl ersetzt. Vom 11. Januar 1780 an wurde von dieser Portion noch ½ Pfund Rindfleisch und ¾ Pfund Schweinefleisch abgezogen. Die armen Einwohner, welche nicht aus den Magazinen ernährt wurden, und deren angeschaffte Provision allmälig zu Ende gegangen war, befanden sich in der traurigsten Lage und Mehre derselben sollen aus Kummer und unzureichender Nahrung gestorben sein. Die Soldaten dagegen blieben immer zufrieden und ertrugen geduldig alle Leiden und Beschwerden. Man hoffte

*) 1 Pint hält etwa ½ Quartier Hannoverscher Maaße.

fortwährend auf Entsatz, ohne jedoch mit Bestimmtheit darauf zu rechnen.

Ein Hannoverscher Soldat, der einen Capaun und einige Eier besaß, wußte letztere auszubrüten und den Capaun zur Beschützung der jungen Hühner zu verwenden, deren gutes Gedeihen bald seine Mühe belohnte. Die Preise der Lebensmittel waren ungeheuer hoch*) und für die armen Classen ganz unerschwinglich; ja selbst der größte Theil der Officiere sah sich genöthigt von ihren gelieferten Portionen zu leben. Der Dienst in der Festung war nicht übermäßig streng und die Gesundheit der Soldaten hielt sich ziemlich gut; täglich rückten außer den Artilleristen, welche häufiger in Dienst kamen, 2 Stabsofficiere, 6 Capitains, 18 Subalternofficiere und 800 Mann auf Wache und etwa die Hälfte dieser Anzahl auf Piquet.

Obgleich von der Festung wiederholt auf die Spanischen Linien gefeuert war, hatten die dortigen Batterien doch keinen Schuß erwidert. Am 11. Januar wurde zuerst auf ein Englisches Leichencommando gefeuert und am 12. das Feuer fortgesetzt, wodurch ein Frauenzimmer durch einen von einer Kugel losgerissenen Stein verwundet wurde — der erste Verlust, den die Garnison erlitt.

Die Blockade wurde in dieser Zeit von dem unermüdlichen Don Barcelo so streng durchgeführt, daß fast alle

*) 1/4 Kalb kostete 20 Thlr., 1/4 Hammel 10 Thlr., 1 Ei 20 ₰, 1 Pfund Mehl 8ggr und 1 Pfund Butter 20 ggr.

Communication mit der Festung aufgehört hatte und unter der Garnison, in Folge des beständigen Genusses von gesalzenem Fleische und trockenem Gemüse, schon der Scorbut auszubrechen anfing, als endlich um die Mitte des Januar der so lange ersehnte Entsatz statt fand. Am 25. December 1779 war der Admiral Rodney mit einer Flotte von 22 Linienschiffen und 9 Fregatten, welche gegen 60 Transportschiffe convoyirte, von Spithead ausgelaufen, hatte am 8. Januar in der Bay von Biscaya eine Spanische Escadre von 7 Kriegs- und etwa 20 Transportschiffen, welche von St. Sebastian nach Cadix bestimmt war, genommen und stieß am 16. Januar auf eine andere Spanische Flotte von 11 Linienschiffen und mehren kleineren Fahrzeugen, welche ihm den Eingang in die Straße von Gibraltar streitig machen sollte. Der Spanische Admiral Don Juan de Langara hatte eine so starke Englische Macht nicht erwartet und suchte ihr auszuweichen, wurde jedoch eingeholt und nach einem heftigen Gefechte genöthigt, mit dem größten Theile seiner Schiffe, welche meist sehr übel zugerichtet waren, sich zu ergeben. An dieser Schlacht nahm Prinz William Henri, der dritte Sohn Georgs III. und späterhin, als Wilhelm IV., König von Großbritannien und Hannover, welcher als Midshipman auf Rodney's Flotte diente, Theil und erwarb sich durch seine Tapferkeit und seemännische Kaltblütigkeit allgemeine Anerkennung. Auch Don Juan de Langara bewährte sich als ein braver, tüchtiger Seemann und wurde dreimal verwundet.

Unbeschreiblich ist die freudige Aufregung, welche die erste ungewisse Nachricht von dem erfochtenen Seesiege und dem nahenden Entsatze in Gibraltar hervorbrachte. Die Freude steigerte sich zum allgemeinen Jubel, als am Morgen des 19. Januar das genommene Spanische Admiralschiff, Fenix, sehr übel zugerichtet, die Englische Flagge triumphirend über der Spanischen flatternd, in die Bay von Gibraltar einlief und mit 21 Kanonenschüssen begrüßt wurde. Der Gouverneur ließ sogleich große Parade halten, wo er selbst dem Officiercorps die freudige Nachricht mittheilte und seine Untergenerale umarmte. Freudenthränen sah man über Wangen fließen, die bis dahin nie den strengen, männlichen Ernst verläugnet hatten und ein herzlicher Händedruck, den Hannoveraner und Engländer mit einander wechselten, sagte mehr, als tausend Worte vermocht hätten. Solche Momente sind Hochgenüsse des Lebens, und die Erinnerung daran bleibt ungeschwächt bis zum höchsten Alter.

Durch diesen Entsatz wurde nicht allein Gibraltar aus den Englischen und Spanischen Transportschiffen mit allen nöthigen Lebens- und Kriegsbedürfnissen neu versehen, sondern die Zufuhr von den Berberischen Küsten fing auch wieder an, da Don Barcelo sich unter die Kanonen von Algesiras geflüchtet hatte. Auch wurde die Besatzung durch das 73. Regiment Bergschotten verstärkt, welches eigentlich nach Minorca bestimmt war, aber in Gibraltar blieb, da man es hier für nothwendiger hielt. Dieses Regiment war über 1000 Mann stark, aber noch nicht an das Clima gewöhnt, weshalb es später viel an Krankheiten litt. Die in der Festung liegenden Regimenter wurden durch etwa 100 Recruten verstärkt.

Viel Freude erregte bei der Garnison der Besuch des Prinzen William, welcher als einfacher Seecadet, sich alle Ehrenbezeugungen verbittend, an das Land stieg, und alle Festungswerke auf das Genaueste in Augenschein nahm. Der loyale Sinn des Engländers verehrte in ihm nicht nur den Sohn seines Königs, sondern auch den angehenden tüchtigen Seemann, während der gemüthlichere Hannoveraner mit offenem Herzen dem Sohne seines Churfürsten entgegentrat, eines Landesherrn, welchen er nie gesehen und an dem doch sein ganzes Land mit unendlicher Liebe und Verehrung hing.

Auf Alle wirkte die Wichtigkeit belebend und ermunternd ein, welche England seinem Felsenbollwerke am Mittelländischen Meere beizulegen schien und wovon die große Flotte und die Menge von Proviantschiffen zeugten, die es ihm zusandte. Jeder fühlte, daß die Augen seines Königs und Vaterlandes auf ihn gerichtet waren und dieses Gefühl, so wie das Vertrauen auf ihren großen General, der in der Zeit der langen Entbehrung durch zuversichtliche Haltung und Sorge für seine Untergebenen Alles aufrecht erhalten und jeden Kleinmuth verscheucht hatte, spornte Alle zu neuer Ausdauer und Thätigkeit an.

In derselben Maße, wie das Vertrauen und die Zuversicht der Besatzung gewachsen war, eben so schlich sich

Muthlosigkeit und Furcht in die Reihen der Spanier. Selbst der Mangel stellte sich ein, da die Zufuhren zur See aufhörten und die ausgetretenen Flüsse die Landcommunicationen unterbrachen. Die Blockadetruppen erwarteten sogar einen Angriff von der Festung aus und trafen dagegen die nöthigen Vorsichtsmaßregeln.

Am 13. Februar segelte Rodney wieder ab und ließ nur 2 Linienschiffe, 2 Fregatten und 2 kleinere Fahrzeuge unter dem Commodore Eliott auf der Rhede von Gibraltar zurück. Spanischer Seits wurde Don Barcelo bedeutend verstärkt, so daß er die Blockade wieder beginnen konnte, an deren strengen Handhabung er jedoch durch die Englische Flotille sehr gehindert wurde. Die Festung hatte sich mit der abziehenden Flotte von 400 überflüssigen Personen entledigt und die Garnison war durch den erhaltenen Zuwachs auf mehr als 6000 Mann gestiegen. Die Zufuhr aus der Berberei, welche besonders der thätige Englische Consul Logie zu Tanger betrieb, dauerte in der ersten Hälfte des Jahres 1780 immer fort, wenn sie auch nicht hinreichte, um die Besatzung völlig mit frischen Lebensmitteln zu versorgen. Die Portionen bestanden nur aus gesalzenem Fleische und Fischen und trockenen Gemüsen, und bald fing der Scorbut wieder an zu grassiren. Austheilungen von frischen Citronen und Orangen, welche ab und an stattfinden konnten, thaten jedoch den Fortschritten dieser schrecklichen Krankheit Einhalt.

Der Commodore Eliott hatte am 20. April mit dem Linienschiffe Edgar, auf erhaltenen Befehl, die Rhede verlassen und statt seiner commandirte der Capitain Harvey den Rest der Englischen Flottille. Da diese fortwährend der Blockade hinderlich war, so beschloß Don Barcelo dieselbe, nebst den im Hafen liegenden Kauffartheyschiffen, zu verbrennen. So geheim er auch seine Vorkehrungen dazu betrieb, so entgingen sie doch nicht völlig dem wachsamen Auge des Generals Eliott und Capitains Harvey. In der finstern Nacht vom 6. auf den 7. Juni sollte das Vorhaben ins Werk gerichtet werden. Die Besatzung erwachte um 1 Uhr von den Allarmschüssen einer der Englischen Fregatten und sah gleich darauf den ganzen Felsen von Gibraltar blutroth erleuchtet, welches einen fürchterlich schönen Anblick gewährte. Man erblickte darauf 7 Spanische Brander, von denen einer die Größe eines Schiffes von 50 Kanonen hatte, im vollen Laufe auf die an der neuen Mole liegende Englische Flottille. Hier galt es von Seiten der Englischen Seeleute Muth und Unerschrockenheit zu zeigen, oder sich dem völligen Untergange auszusetzen, denn der Wind war den Brandern günstig, vor der Bay kreuzte Don Barcelo, die Schiffe zu verlassen und sich an das Land zu flüchten, war eben so schimpflich als gefährlich, da nicht allein die Schiffe, sondern auch die Schiffswerfte und andere Gebäude, die hart am Ufer lagen, dann aufgeopfert wären. — Die seemännische Ruhe und Bravour der Brittischen Officiere und Matrosen rettete sie aus dieser drohenden Gefahr. Zunächst feuerte man mit Kartätschen auf die Boote, welche die Spanischen Brander begleiteten, und zwang sie zur Flucht. Dann wurden Englische Boote ausgesetzt und von ihnen Haken, welche an Ketten befestigt waren, auf die Brander geworfen und diese um die neue Mole herum in die Mittelländische See geführt, ein Unternehmen, welches durch die Flammen der Schiffe, durch das Krepiren der darauf befindlichen Bomben und die Entzündung geladener Kanonen und Flintenläufe mit der äußersten Gefahr verbunden war. Es wurde glücklich ausgeführt, aber noch war die Gefahr nicht vorüber, denn drei neue Brander wurden entdeckt, von denen zwei gerade auf das Linienschiff Panther zu und demselben so nahe kamen, daß sie nur durch lange Stangen von einer Berührung mit demselben abgehalten werden konnten. Endlich wurden auch diese Brander glücklich in die hohe See geführt, wo sie sämmtlich bis auf den Meeresspiegel verbrannten. Die übrig gebliebenen Kiele fielen nachher zum Theil der Garnison in die Hände, der sie sehr zu statten kamen, um den Mangel an Brennholz einigermaßen zu ersetzen.

Kaum war diese Gefahr überstanden, so verfiel der unermüdliche Don Barcelo schon auf ein anderes Mittel, der Festung Schaden zuzufügen, welches ihm etwas besser als das vorige gelang. Dieses war eine eigenthümliche Art Kanonenboote von seiner Erfindung, welche sich sehr leicht bewegen und auch bei starkem Winde die See halten konnten, und deren Feuer der Garnison oft lästig fiel. Als alle andern Mittel, sich diese Boote vom Halse zu schaffen, nicht anschlugen, so suchte der Gouverneur sich wenigstens zu rächen, indem er jedes Mal, wenn das Feuer derselben anfing, mit 13 zölligen Mörsern und Kanonen schweren Calibers in das feindliche Lager auf eine Entfernung von

5400 Schritt feuern ließ, wodurch die feindlichen Truppen häufig in Unordnung gebracht wurden.

Der Sommer des Jahres 1780 verging der Garnison auf eine eben so einförmige als traurige Weise. Die Blockade wurde wieder sehr streng ausgeführt, und wenige Schiffe täuschten die Wachsamkeit Don Barcelo's; die Lebensmittel stiegen wieder sehr im Preise, auch die nothwendigsten Kleidungsstücke, als Schuhe und Strümpfe, fingen an auszugehen. General Eliott that alles Mögliche, den Muth und die gute Laune der Truppen aufrecht zu erhalten. Er selbst trug Schuhe, bei denen das Oberleder durch Segeltuch ersetzt war, und ging überhaupt der Garnison bei allen Entbehrungen mit dem besten Beispiele voran. Der Mangel an Brennholz wurde, nachdem die Wracks der Brander verzehrt waren, durch Schiffe des Hafens ersetzt, welche zu dem Zwecke abgebrochen wurden. Man schmeichelte sich in Gibraltar mit der Hoffnung eines baldigen Friedens, wozu auch wohl viele Aussicht gewesen wäre, wenn die Spanier nicht das Glück gehabt hätten, am 9. August eine große Convoy Englischer Transportschiffe, welche Kriegsbedürfnisse aller Art nach den Englischen Colonien führen sollten, zu nehmen, wodurch sie Mittel fanden, ihre Flotte, die in der elendesten Verfassung war, neu auszurüsten. Hiedurch wuchs ihr Muth und sie fingen nun auch an, die Festung von der Landseite anzugreifen.

In der Nacht vom 30. September zum 1. October 1780 erbauten sie eine Mörserbatterie, die San Carlos-

Batterie genannt, 5—600 Schritt vor ihren Linien, zerstörten die in der Ebene vor der Festung gelegenen Gärten und versuchten die Pallisaden der äußersten Englischen Werke durch Pechkränze und andere leicht Feuer fangende Gegenstände in Brand zu stecken. Bei dem Tambourwerke Forbes gelang es ihnen zum Theil, bei Bayside wurden sie durch die Wachsamkeit und Unerschrockenheit zweier Hannoverscher Soldaten, welche hier auf Posten standen, daran verhindert.

In den letzten Monaten des Jahres 1780 arbeiteten die Spanier mit unendlicher Langsamkeit fort, die Armirung ihrer Linien und der San Carlos-Batterie zu vervollständigen und letztere mit ersteren durch Laufgräben zu verbinden. Das Feuer der nächsten Batterien der Festung suchte sie an diesen Arbeiten zu verhindern und fügte ihnen mehrfache Verluste zu, ohne daß sie dasselbe von der Landseite erwidert hätten. Sie sparten ihr Feuer bis zu einem Zeitpuncte auf, wo sie es von größerer Wirkung hielten und vereinigten inzwischen 150 Kanonen und Mörser des schwersten Calibers *) in ihren Werken, von denen 64 Kanonen und 50 Mörser gegen die Festung gerichtet waren.

In der letztern floß der Rest des Jahres 1780 in gewohnter trauriger Einförmigkeit dahin. Es waren Blattern, Scorbut und andere epidemische Krankheiten eingerissen, an denen im Laufe des Jahres 312 Mann starben,

*) Ihre kleinsten Kanonen schossen 26 Pfund, ihre Mörser warfen zum Theil Bomben von einer Schwere von 212 Pfund.

wovon allein 114 auf das mit Rodney's Escadre gekommene 73. Regiment fielen. Die Hannoveraner verloren in allen 3 Bataillons nur 20 Mann. Der Dienst wurde von allen Bataillons gemischt gegeben und bestand, mit Einschluß der Artillerie, aus 30 Officieren und etwas über 1000 Unterofficieren und Gemeinen, die täglich auf Wache zogen, und aus 14 Officieren und 546 Unterofficieren und Gemeinen auf Piquet. Außerdem mußten täglich Arbeitscommando's gestellt werden, welche gewöhnlich gegen 600 Mann betrugen. Dieser Dienst war für eine Besatzung von 6000 Mann nicht übermäßig, da eigentlich nur 1000 Mann im strengen Dienst waren, indem das Piquet sich blos zum Ausrücken bereit halten mußte und die Arbeiter nur bei Tage beschäftigt wurden. Hätte die strenge Blockade indessen noch länger angehalten, so wäre der Dienst wegen der zunehmenden Krankheiten zuletzt doch lästig geworden.

Die ersten 3 Monate des Jahrs 1781 verstrichen ohne besondere Ereignisse. Die Spanier setzten ihre Erdarbeiten fort, an denen sie durch das Regenwetter mehr als durch das Feuer der Festung gehindert wurden, und bereiteten Alles zu einem großen Bombardement vor. In der Festung stieg der Mangel, besonders bei den Einwohnern, sehr hoch, die Zufuhr aus der Berberey hatte fast ganz aufgehört, seitdem der Kaiser von Marocco den Spaniern die Häfen Tanger und Tetuan verpachtet und den Englischen Consul Logie vertrieben hatte. Eine gewisse stumpfe Niedergeschlagenheit fing an sich der Garnison zu bemächtigen, man glaubte sich von England vergessen, welches nun bald 14

Monate die Festung ihrem Schicksale überlassen hatte, und beklagte sein Loos, auf diesen unwirthbaren Felsen gebannt zu sein. Endlich im Anfang April 1781 traf die frohe Nachricht ein, daß ein baldiger Entsatz zu erwarten wäre.

Am frühen Morgen des 12. April erblickte man die ganze Meerenge von einer unübersehbaren Englischen Flotte bedeckt und ein allgemeiner Taumel der Freude ergriff zum zweiten Male die ganze Besatzung. Noch ehe die Flotte in den Hafen einlief, strich Don Barcelo, der alle seine Kriegsschiffe bis auf eines weggeschickt hatte, seine Flagge und legte sein Commando nieder, die Hoffnung aufgebend, die Festung, deren größter Feind er 18 Monate hindurch gewesen war, bezwingen zu können.

Die Englische Flotte unter dem Admiral Darby bestand aus 28 Linien- und vielen kleinern Kriegsschiffen und zählte mit den Transportschiffen nicht weniger als 140 Segel. Der General Eliott, welcher ein Bombardement der Spanier voraussah, hatte Vorkehrungen getroffen, daß sämmtliche Transportschiffe an der neuen Mole und der Rosia Bay ausladen konnten, wo sie von den Spanischen Batterien gegen 5000 Schritte entfernt waren. Wirklich eröffneten die Spanier ihr Feuer um 11½ Uhr am 12. April, sowohl auf die Festung als auf die Flotte, aus ihren sämmtlichen Batterien. Die Festung erwiderte das Feuer und brachte schon am Nachmittage die San Carlos-Batterie zum Schweigen, desto heftiger würde das Feuer aus den Linien von San Roque fortgesetzt. Die ganze Nacht hindurch blieb das Geschütz von beiden Seiten in Thätigkeit, und vom folgenden Tage an waren die Spanischen Geschosse auf die Stadt gerichtet, da man sich überzeugt hatte, daß man nicht im Stande war, das Ausladen der Schiffe zu verhindern. Nach einem anhaltenden Bombardement von 8 Tagen lag der größte Theil der Stadt in Asche, die Einwohner waren daraus vertrieben und mußten, so wie die Garnison, unter Zelten campiren, für welche der vorsichtige General Eliott in gehöriger Zahl gesorgt hatte.

Bei den Löschungsversuchen geriethen die Soldaten auf große Vorräthe starker Getränke nnd Lebensmittel, welche sie gar nicht erwartet hatten, da die Krämer dieselben, um größeren Gewinn zu machen, zurückgehalten hatten. Dieses gab Veranlassung zu Ausschweifungen, denen nicht gleich gesteuert werden konnte und welche den General Eliott bewogen, die durch die lange Blockade erschlafften Bande der Disciplin schärfer anzuziehen, wodurch die Ordnung auch bald wieder hergestellt wurde.

Am 20. April ging die Flotte des Admirals Darby wieder unter Segel und mit ihr embarkirte sich eine Menge von Einwohnern und zu der Garnison gehörigen Nichtcombattanten, da ihre Lage auf der Festung unerträglich geworden war. Den ganzen Monat April hindurch dauerte das gegenseitige Feuer, besonders heftig von Seiten der Spanier, fort und der Verlust, den die Besatzung dabei erlitt, war nicht unbeträchtlich und belief sich auf 41 todte und an Wunden gestorbene Unterofficiere und Soldaten und 156 Verwundete, unter denen sich 4 Officiere und 2 Wundärzte befanden. Der Verlust der Hannoveraner bestand in 8 Getödteten und 25 Verwundeten, worunter ein Compagniefeldscher des Regiments Hardenberg war. Auch die Monate Mai und Juni hindurch wurde das Feuer, wenngleich nicht mit derselben Heftigkeit fortgesetzt und der Garnison ein Verlust von 20 Todten und 70 Verwundeten zugefügt. Am lästigsten fiel das Feuer der Spanischen Kanonen und Mörserboote, wodurch die Garnison oft in ihrem Zeltlager beunruhigt wurde. Die Batterien der Festung richteten wenig gegen diese, eine sehr geringe Oberfläche darbietende Boote aus, man suchte sich ihrer deshalb durch einige Briggs, die man zu Ruderbooten umformte, zu erwehren, ohne viel damit zu erreichen. Als indirectes Gegenmittel wurde das Bewerfen des Lagers trotz der ungeheuren Entfernung, mit 13 zölligen Bomben fortgesetzt, wodurch dieses mehre Male in völlige Unordnung kam.

Am 9. Juni entzündete sich, durch Unvorsichtigkeit eines Artilleristen, das große Spanische Laboratorium, wodurch die Belagerer einen bedeutenden Verlust an Geschossen und Munition erlitten und viele Menschen getödtet wurden. Nichts desto weniger setzten sie das Feuer heftig fort, welches jedoch in den Monaten Juli, August und September viel schwächer wurde.

In der Festung herrschte in dieser ganzen Zeit die größte Thätigkeit. Man war bemüht, die erhaltenen Provisionen in bombenfeste Magazine und in die Höhlen und Klüfte des Felsen zu schaffen, welches viele Arbeit verursachte. Zugleich wurden die durch das anhaltende feindliche und eigene Feuer stark angegriffenen Werke ausgebessert und deren noch mehre neue angelegt. Die Willis-Batterien, welche am Meisten gelitten hatten, wurden durch hölzerne Merlons, die mit Schiffstauen und Sandsäcken gefüllt waren, allmälig ganz neu aufgebaut und diese Arbeit, trotz des heftigen dagegen gerichteteten feindlichen Feuers, mit geringem Verluste zu Stande gebracht.

Da in der Bay von Gibraltar nur 2 Englische Fregatten und einige kleinere Fahrzeuge unter dem Capitain Curtis zurückgeblieben waren, so hatten die Spanier bald wieder das Uebergewicht zur See, und die Festung wurde durch Don Buenoventura Moreno, der an Don Barcelo's Stelle getreten war, auf's Neue blockirt, ohne jedoch alle Zufuhr hemmen zu können. In der Festung hatte man sich an den Blockadezustand gewöhnt, man entbehrte weniger den Genuß frischer Lebensmittel und der größte Theil der Einwohner hatte Gibraltar verlassen. Durch die Blockade war daher nicht viel mehr auszurichten, die Spanier schienen das zu fühlen und setzten vom Ende September an den Angriff zu Lande und zu Wasser lebhafter wie bisher fort. Da alle nicht bombenfeste Gebäude der Festung entweder zerstört oder doch wenigstens täglich der Zerstörung ausgesetzt waren, und die Casematten für die Stärke der Garnison nicht ausreichten, so lag die eine Hälfte derselben in den casemattirten Werken und Casernen, die andere unter Zelten. Für die übrig gebliebenen Einwohner und für die Soldatenfrauen und Kinder schaffte der menschliche General Eliott ein gleiches Obdach.

Vom Ende September bis Mitte November arbeiteten die Spanier fleißig an der Errichtung neuer Batterien neben der von San Carlos, welche wieder in Stand gesetzt war, fort. Obgleich das Feuer der Festung diese Arbeiten zu hintertreiben suchte, so war die Entfernung doch zu groß, um viel dagegen ausrichten zu können. Man mußte daher auf andere Mittel Bedacht nehmen, wodurch man diese Batterien zerstören konnte.

Schon seit längerer Zeit hatte General Eliott die Vorbereitungen zu einem großen Ausfall und zur Zerstörung der feindlichen Batterien treffen lassen. Dieses wurde aber höchst geheim gehalten, damit nicht etwa durch Deserteure, deren ab und an einige von der Festung zum Feinde, so wie umgekehrt von den Spanischen Linien nach der Festung übergingen, die Spanier zuvor davon in Kenntniß gesetzt würden. Am 20. November trafen zwei Spanische Deserteure in der Festung ein, von denen der eine, ein Corporal, die genaueste Auskunft über die Stärke der Spanischen Batterien und über die Art und Weise gab, wie der Dienst dort betrieben wurde. Er schilderte die Spanischen Truppen als unzufrieden und sehr fatiguirt, größtentheils nur aus Landregimentern bestehend, der Dienst werde nachlässig betrieben und man glaube, daß die Garnison sich in einem kläglichen Zustande befinde. Zugleich bezeichnete er ganz genau die Stärke und Lage der einzelnen vorgeschobenen Batterien. Neben der San Carlos-Batterie liege eine andere, dem heiligen Pasqual zu Ehren benannte, dicht am Meere, dahinter befinde sich etwas seitwärts die San Martin's-Batterie und östlich von San Carlos noch eine kleine Kanonenbatterie.

Der Gouverneur ließ sich von alle Diesem genau unterrichten und darauf den Deserteur einsperren, damit er gegen Niemand die gehabte Unterredung verrathen könnte. Die Nacht vom 26. auf den 27. November bestimmte Eliott zur Ausführung des Ausfalls. Dieser hatte große Schwierigkeiten und blieb immer ein sehr gewagtes Unternehmen. Die feindlichen Batterien lagen 1500 Schritt von den Festungswerken und nur 500 Schritt von den befestigten Linien der Spanier entfernt und im Bereiche von über 100 Geschützen ihres schwersten Calibers. Dazu konnte man nur aus einer Ecke der Festung an der nordwestlichen Seite hervorbrechen, während die Spanier von allen Seiten freien Zugang zu ihren Batterien hatten. Der General Eliott rechnete indessen, nächst der Langsamkeit und Schläfrigkeit der Spanischen Truppen, auf das Glück, welches das Ungewöhnliche und Unerwartete im Kriege so leicht begleitet, und der Erfolg hat seine Erwartungen nicht betrogen.

Er traf die Einleitung zu diesem Ausfalle eben so umsichtig als geheimnißvoll. Die Williß- und andere Batterien, welche auf die Spanischen Linien gerichtet werden konnten, mußten bei Tage, durch Befestigung von Latten an den Lafeten, genau die Richtung auf die Ausgänge dieser Linien, nach den vorliegenden Batterien zu, bezeichnen. Das zum Ausfall bestimmte Detachement bestand aus sämmtlichen Grenadieren und leichten Compagnien der Garnison und aus dem 12. Englischen und dem Hannoverschen Regiment von Hardenberg, zwei Corps, welche schon in der Schlacht bei Minden ruhmvoll neben einander gefochten und die heftigen Chargen der Französischen Cavallerie abgeschlagen hatten. Das Ganze zählte mit Einschluß der Arbeiter und Artilleristen, über 2000 Mann und wurde von dem Englischen Brigadier Roß befehligt, unter ihm commandirte der Obristlieutenant von Hugo, vom Hardenbergischen Regiment, die rechte, der Obristlieutenant von Dachenhausen, vom Redenschen Regiment, die mittlere und der Obristlieutenant Trigge, vom 12. Englischen Regiment, die linke Colonne*). Die Stärke und Eintheilung der Colonnen ist aus der nachfolgenden Uebersicht zu entnehmen:

---

*) In dem Personal der höhern Officiere waren einige Veränderungen eingetreten. Hannoverscher Seits war an die Stelle des ertrunkenen Obristlieutenants von Walthausen, der Obristlieutenant von Dachenhausen, und anstatt des zum Obristen im Lande avancirten Obristlieutenants von dem Bussche, der Obristlieutenant von Hugo getreten.

Colonnen.	Oberstlieut.	Majors.	Capitains	Subalternen	Chirurgi	Sergeanten	Tambours	Gemeine
Rechte Colonne.								
Grenadiere von Reden und la Motte .	—	—	2	4	—	14	—	142
Arbeiter	—	—	—	5	—	6	—	50
Artillerie	—	—	—	1	—	3	—	25
Regiment von Hardenberg	1	1	4	10	1	32	2	296
Leichte Compagnie vom 56. Regimente	—	—	1	2		3	—	57
Total der rechten Colonne	1	1	7	22	1	58	2	570
Mittlere Colonne.								
Vom Regiment von Reden	1	—	—	1	—	—	—	—
Grenadiere und leichte Compagnie vom 39. und 73. Regimente	—	—	4	10	—	16	—	316
Arbeiter	—	—	—	7	—	14	—	150
Artillerie	—	—	1	1	1	4	—	40
Grenadiere vom 56. u. 58. Regimente	—	—	2	4	—	6	—	114
Vom 73. Regimente	—	1	—	—	—	—	—	—
Total der mittleren Colonne	1	1	7	23	1	40	—	620
Linke Colonne.								
Grenadiere und leichte Compagnie vom 72. Regimente	—	—	2	6	—	10	—	202
Seeleute	—	—	—	3	—	13	—	100
Artillerie	—	—	—	1	—	3	—	35
12. Regiment	1	1	7	17	1	27	3	430
Leichte Compagnie vom 58. Regimente	—	—	1	2	—	3	—	57
Total der linken Colonne	1	1	10	29	1	56	3	824

Die rechte Colonne sollte nach der Disposition die von San Carlos östlich auslaufende Parallele angreifen, die mittlere die Mortier-Batterie San Carlos, und die linke die an der Bay liegende San Pasqual's-Batterie nehmen.

Um Mitternacht versammelten sich die Truppen, und Morgens 3 Uhr am 27. November, nachdem der Mond, der sehr hell geschienen hatte, untergegangen war, rückte das Ausfalls-Detachement aus der Festung, die rechte Colonne durch die Forbes-Barriere, die linke und mittlere durch die Barriere neben der Bay.

Die Spanische Wallongarde, die den Dienst hatte, rief die in möglichster Stille marschirende rechte Colonne Französisch an, welches der Obristlieutenant von Hugo mit „Espagnol!“ beantwortete, bis ein Posten Feuer gab, worauf er unter dem Ausruf: Grenadiers d'Hanovre! mit den eiligst formirten Truppen auf die Parallele drang und der Erste die 7 Fuß hohe Brustwehr hinab sprang. Er fand hier nur geringen Widerstand, aber ein Theil des Hardenbergischen Regiments war in der Finsterniß abgekommen und rückte auf die Batterie von San Carlos vor, wo es eine Salve erhielt, aber trotz dem hineindrang. Die mittlere Colonne stieß hier auf das Regiment Hardenberg und hielt es zuerst für Feinde, wodurch ein kurzes Scharmützel stattfand, bis der Irrthum entdeckt wurde. Dieses war das einzige Mißverständniß, deren nachtheiliger Einfluß bei nächtlichen Angriffen sonst so leicht eintritt, im Uebrigen wurde die Disposition genau ausgeführt. Als alle 3 Colonnen sich im Besitz ihrer Angriffspuncte befanden, fingen auf ein gegebenes Signal die Festungsbatterien an, gegen die Spanischen Linien zu feuern. Die Spanier, welche sich in großer Verwirrung befanden, wurden dadurch verleitet, dieses Feuer zu erwidern, und während über den

Köpfen der ausgefallenen Truppen das Geschützgefecht fortgesetzt wurde, rissen diese die Batterien und Parallelen mit unglaublicher Geschwindigkeit ein, hingen Pechkränze an die Faschinen, Bretter und Balken, zündeten diese an, vernagelten die Geschütze und legten Feuerleitungen an die Pulvermagazine. Acht leichte und Grenadier-Compagnien machten Front gegen die Spanischen Werke, die Artilleristen und Arbeiter wurden gedeckt durch das 12. Englische und das Hardenbergische Regiment, 4 leichte und Grenadier-Compagnien bildeten die Reserve. Das ganze Unternehmen wurde eben so umsichtig als rasch ausgeführt.

Als die Flammen von allen Seiten ausbrachen und die Pulverleitungen nach den Magazinen angezündet waren, gab der Brigadier Roß den Befehl zum Rückzuge. Das Hardenbergische Regiment deckte ihn; zwei Magazine flogen während des Rückmarsches auf, das dritte und Hauptmagazin, dessen Explosion einem Erdbeben glich, erst um 5½ Uhr, als alle Truppen wieder in der Festung waren und eben der Artillerie-Capitain Witham dem General Eliott den Schlüssel zu diesem Magazine überreichte. Auch wurde ihm der Rapport des in der Spanischen Hauptwache commandirenden Officiers überreicht, der zum Voraus unterschrieben war und meldete, daß in den letzten 24 Stunden nichts Außerordentliches vorgefallen sei!

Wohl selten ist ein so gefährliches und so wichtiges Unternehmen mit so glänzendem Erfolge und so geringem

Verluste ausgeführt worden. Alle die Werke, deren Erbauung den Spaniern 14 Monate Zeit und unendliche Mühe und Kosten verursacht hatte, waren in kaum 2 Stunden vernichtet, und dabei 18 Stück 26 pfündige Kanonen und Mörser zu 100 pfündigen Bomben zerstört worden. Der Verlust des Ausfalls-Detachements betrug 5 getödtete Gemeine und 1 Officier, 24 Unterofficiere und Soldaten an Verwundeten. Das Regiment Hardenberg hatte 2 Todte und 12 Verwundete zu beklagen, Reden 1 Todten, la Motte erlitt gar keinen Verlust. Von den Spaniern waren viele geblieben, worunter mehre Officiere, und 2 Officiere und 16 Gemeine gefangen.

Einer dieser Officiere, ein Deutscher von Geburt, welcher als Seconde-Lieutenant der Wallongarde mit Capitainsrang in der Spanischen Armee diente, erregte allgemeine Theilnahme. Er hieß Baron von Helmstädt und war gefährlich am Knie verwundet, widersetzte sich aber hartnäckig der Amputation, um nicht mit Einem Beine vor der geliebten Braut zu erscheinen. Als ihm endlich doch das Bein abgenommen wurde, war es zu spät, um ihn zu retten. Seiner Leiche folgte der Gouverneur mit dem ganzen Officiercorps und überlieferte sie alsdann den Spaniern.

Der General Eliott war sehr mit den ausgefallenen Truppen zufrieden. „Die Tapferkeit und das Benehmen des ganzen Detachements, der Officiere, Seeleute und Soldaten, übersteigt jeden Ausdruck meiner Anerkennung" *) hieß es in dem Garnison-Befehl des 27. November. Er selbst begleitete die Truppen bis auf die Landenge und bezeugte nachher besonders den Hannoveranern seinen Beifall, denen auch der Brigadier Roß ein sehr ehrenvolles Zeugniß gab. Die Garnison bestand damals nur noch aus 5000 Combattanten, von den 557 im Hospitale lagen, so daß beinah die Hälfte der Besatzung den Ausfall unternehmen mußte, während die andere Hälfte die Festung besetzt hielt.

Die feindlichen Werke brannten noch mehre Tage fort und es ging auch noch ein Pulvermagazin auf. Die Spanier sahen alle ihre Anstrengungen auf einmal vernichtet, es schlich sich Muthlosigkeit mehr wie je in ihre Reihen ein, und die Hoffnung, die Festung einzunehmen, wurde immer schwächer. Das gegenseitige Feuer dauerte indessen fort, und kaum kennt die Geschichte ein Beispiel eines so anhaltenden und lebhaften Geschützkampfes, da allein von Spanischer Seite von Mitte April bis Ende December 1781 29,309 Bomben und 100,927 Kanonenkugeln gegen die Festung gerichtet wurden. Dieses Feuer war im Grunde von Seiten der Belagerer sehr thöricht, da sie sich doch keine Hoffnung machen konnten, von der Landseite die Pforten von Gibraltar zu öffnen. Das Bombardement war allerdings der Garnison und noch mehr den Einwohnern höchst lästig, da es die ganze Stadt Gibraltar zerstörte, aber auf

*) The bravery and conduct of the whole detachment, Officers, seamen and soldiers, surpasses my utmost acknowledgments.

die Casematten und Festungswerke äußerte es fast gar keine Wirkung. Der Verlust der Garnison bestand in der zweiten Hälfte 1781 aus 65 Getödteten und 195 Verwundeten.

Die Nachricht von dem glücklichen Ausfalle erregte in England den größten Jubel, um so mehr als sie in eine Zeit traf, wo man daran gewöhnt war, fast nur von unglücklichen Ereignissen zu hören. Die Theilnahme für Eliott und sein tapferes Häuflein, die mit so viel Hingebung und Ausdauer die Leiden der langen Belagerung ertrugen, stieg immer höher und ging gegen das Ende der Belagerung, wo der Kampf aus allen gewöhnlichen Verhältnissen heraustrat und einen wahrhaft riesigen Character annahm, zum größten Enthusiasmus über.

Wie sehr Georg III. die Leistungen seiner Hannoverschen Brigade anerkannte und belohnte, wird später noch mitgetheilt werden. Den Generalmajor la Motte hatte er schon 1777 zum Generallieutenant befördert, die Obristlieutenants von Hugo und von Dachenhausen ernannte er, wegen ihrer beim Ausfalle bewiesenen Tapferkeit und Umsicht, zu Obristen und Brigadiers.

Der Zustand der Besatzung und der sonstigen Bewohner Gibraltars war indessen äußerst traurig. Es fehlte nicht an dem Nothwendigsten, als Munition, gesalzenem Fleische und trockenem Gemüse, aber frische Lebensmittel waren fast für kein Geld mehr zu haben. Die Truppen lagen abwechselnd unter Zelten, die gegen die Hitze des Sommers und die Nässe der Regenzeit nur ein sehr unvollkommenes Obdach gewährten. Noch schlimmer war der Zustand der Noncombattanten jeder Art, die statt der Zelte, auf welche sie beständig angewiesen waren, angefangen hatten, mit großen Kosten und Beschwerden sich Hütten zu erbauen, die auf dem rauhen Felsen und bei den mangelhaften Materialien nur mit großer Mühe und Kosten errichtet werden konnten und höchst unvollkommen ausfielen. Der Scorbut brach wieder aus, und Alles vereinigte sich, die Ausdauer und den Muth des auf diese Felseneinöde gebannten tapfern Truppencorps und seines heldenmüthigen Anführers auf eine harte Probe zu stellen.

Und doch waren die in den vorangegangenen Zeilen geschilderten Ereignisse erst das Vorspiel des ungeheuern Kampfes, der um den Besitz von Gibraltar geführt werden sollte. Das Jahr 1782 sah Anstalten treffen, Unternehmungen vorbereiten und — scheitern, die ohne Beispiel in der Weltgeschichte sind und die Augen von ganz Europa auf eine seiner südwestlichsten Spitzen richteten. Was Kriegserfahrung, Muth und Talent, was die ungeheuern Mittel zweier großer Nationen vermögen, wurde auf der einen Seite in Bewegung gesetzt; was die unerschütterliche Ausdauer und das Genie eines großen Mannes, unterstützt von den Getreuen, welche sein Heldensinn beseelte, als Gegenmittel an die Hand gab, alles dieses vereinigte sich mit dem Obigen, um das blutige und interessante Drama seiner Entwickelung entgegen zu führen. Je weniger wir der Thätigkeit und dem Unternehmungsgeiste der Angreifer in den letzten Epochen der Belagerung unsere Achtung versagen können, desto höher steigt unsere Bewunderung für den Mann, dessen hohes Pflichtgefühl, dessen Standhaftigkeit und Talent ihm eine Lorbeerkrone errang, die nie verwelken wird.

Die ersten 5 Monate des Jahres 1782 flossen ohne besondere Ereignisse dahin. Die Spanier errichteten nach und nach ihre vorgeschobenen Werke wieder und deckten sie besser wie bisher, durch befestigte Waffenplätze gegen Ausfälle der Garnison. Obgleich sie bei ihren Arbeiten durch das Feuer der Festung einen bedeutenden Verlust erlitten, so brachten sie doch selbige allmälig wieder zu Stande. Der Spanische Hof blieb fest auf seinem Vorhaben bestehen, die verlorene Festung wieder zu gewinnen, und da die gewöhnlichen Mittel dazu nicht ausreichen wollten, so sah man eine Menge müssiger Köpfe beschäftigt, Projecte auszusinnen, wodurch dieses bewerkstelligt werden könnte, welche, so abentheuerlich sie auch waren, sich doch zuweilen der Unterstützung des Madrider Cabinets zu erfreuen hatten. Ein Schulmeister aus Cadix wollte durch Drachen, die mit giftigen Materien gefüllt waren, die Luft in Gibraltar verpesten, ein Mathematiker schlug vor, Werke vor der Festung zu errichten, die an Höhe den Felsen erreichten (gegen 1400 Fuß), und von diesen die Englischen Batterien zu demoliren. Endlich glaubte man, daß ein angesehener Französischer Ingenieur-Officier, der Obrist d'Arçon, das richtige Mittel ausgefunden habe, und es wurden in möglichster Stille die Vorbereitungen zu seinen berühmten schwimmenden Batterien getroffen, über welche späterhin das Nähere berichtet werden wird.

In der Festung war man inzwischen unermüdlich thätig. Ein Englischer Artillerieofficier erfand eine Depressions-lafete, die sich als practisch erwies, und mit der man die Kanonen 20 Grad eleviren und 70 Grad deprimiren konnte. Gegen die feindlichen Bombenwürfe deckte man die nächsten nicht casemattirten Batterien durch Halbgewölbe, welche man an der innern Brustwehr aus krummen Schiffsbauholze, Sandsäcken und Tauen errichtete. Da die Besatzung lange keine Verstärkung erhielt und immer mehr einschmolz, so war es mehr als je nöthig, das Menschenleben zu schonen. Man fiel daher auf ein seltsames Mittel, die Arbeiter und Truppen gegen die Kanonenkugeln zu sichern. Es fanden sich in der Festung 2 Knaben,*) die ein so scharfes Gesicht hatten, daß sie in weiter Entfernung die feindlichen Kanonenkugeln und die Richtung, welche sie nahmen, erkennen konnten. Diese Knaben wurden in die exponirtesten Batterien gestellt und sollen durch frühzeitige Warnung vielen Menschen Leben und Gliedmaßen erhalten haben.

Das wichtigste Schutzmittel der Festung, welches nachher ihren wahrscheinlichen Untergang allein verhinderte, die

*) Namens Richardson und Brand. Sie gehörten zur Handwerker Compagnie. Noch 4 andere Knaben wurden zu demselben gefährlichen Geschäfte verwandt, hatten jedoch ein weniger scharfes Gesicht.

glühenden Kugeln, wurden zunächst angewandt, um die feindlichen Batterien zu entzünden, jedoch ohne großen Erfolg. Für sie interessirte sich besonders der Vicegouverneur, General Boyd, der General Eliott ließ ihn gewähren, ohne diesen Geschossen in der ersten Zeit einen großen Werth beizulegen. Die Idee war nicht neu, aber erst wenig in die artilleristische Praxis übergegangen. Man verfuhr im Anfange so ungeschickt damit, daß bei einem der ersten Versuche die Pulverladung der Kanone sich durch die glühende Kugel entzündete und mehre Artilleristen dadurch getödtet und verwundet wurden. Man verfiel daher darauf, das Pulver von der Kugel durch frische Rasen zu trennen, was sich als zweckmäßig erwies. Es fehlte noch an einer geeigneten Vorkehrung zum Glühendmachen mehrer Kugeln auf einmal; da erfand ein Soldat vom Hannoverschen Infanterie Regimente la Motte, Namens Schwependik, ein Schmied von Profession, einen Ofen, in welchem eine Menge Kugeln zugleich geröstet werden konnten. *)

Obgleich die Blockade fortdauerte, so fanden doch viele Englische Schiffe Mittel, sie zu durchbrechen, und versorgten die Festung vor Allem mit Munition. Auch 12 Kanonenboote wurden sammt ihrer Artillerie aus England geschickt und in Gibraltar zusammengesetzt und bemannt. In der Nacht vom 23. auf den 24. März traf auch die sehnlich gewünschte Verstärkung der Garnison in dem 97. Englischen

*) Dieser Soldat erhielt nachher von England eine lebenslängliche bedeutende Pension und hat um das Jahr 1820 noch in Hoya gelebt.

Infanterie-Regimente ein, welches jedoch, da es lange den Dienst von Marinesoldaten hatte versehen müssen, durch Krankheiten sehr gelitten hatte und einiger Monate Ruhe bedurfte, um sich wieder zu erholen. Auch eine Anzahl Recruten und eine kleine Abtheilung freiwilliger Corsicaner vermehrten die Besatzung, welche sich dagegen mehrer Verwundeter und Invaliden entledigte. Der General Eliott musterte von Zeit zu Zeit die einzelnen Regimenter, die an solchen Tagen vom Dienst befreit wurden und verschiedene Evolutionen ausführen mußten. Als am 6. März das Regiment la Motte gemustert wurde und gerade ein Defilee passiren mußte, ließ ein Spanischer Officier, der die Musterung bemerkte, Bomben nach dem Exercirplatz werfen, von denen eine dicht bei dem Regimente niederfiel und sprang. Die Ruhe und Ordnung, mit welcher trotz dem die schwierige Evolution ausgeführt wurde, erwarb den Beifall des Generals Eliott, und das Regiment hatte auch das Glück, keinen Mann dabei zu verlieren. Desto unglücklicher war es mehre Monate nachher am 11. Juni, wo eine feindliche Bombe in ein Pulvermagazin der Williß-Batterien fiel, auf welchem gerade viele Arbeiter beschäftigt waren, neue Sandsäcke aufzusetzen. Das Magazin sprang in die Luft, wobei 14 Mann getödtet und 2 Unterofficiere und 13 Mann verwundet wurden. Das Regiment la Motte verlor dabei allein 7 Todte und 3 Verwundete.

Seit Anfang 1782 waren vom Spanischen Hofe die größten Vorbereitungen getroffen, um den Plan des Obristen d'Arçon in Ausführung zu bringen. 10 große Spanische Westindienfahrer, meist von Mahagoni und Cedernholz gebaut, wurden mit Beschlag belegt und eine ungeheure Menge Material aller Art nach Algesiras geschafft, wo die schwimmenden Batterien ausgerüstet werden sollten. Die Kanonen dazu wurden sämmtlich zu Barcelona neu von Metall gegossen, zum Bau der Batterien wurden nach dem Berichte des Erfinders derselben *) allein gegen 200,000 Cubikfuß Holz verwandt. Die zu den schwimmenden Batterien eingerichteten Schiffe waren nur auf einer Seite mit Geschütz bewaffnet und auf der andern schwerer Ballast von Blei u. dgl. angebracht, um dem Geschütz das Gegengewicht zu halten. Die nach der Festung zugekehrte Wand der Schiffe wurde sehr verdickt, mit nassem Segeltuch und Häuten überzogen, Wassercanäle darin herum geleitet, viele Pumpen angebracht und alles Mögliche gethan, um den glühenden Kugeln, deren Anwendung man entgegensah, widerstehen zu können. Gegen Bombenwürfe deckte man sich durch sehr starke Bedachung von Bohlen, über welchen stumpfwinklichte, mit Eisenblech überzogene Dächer angebracht waren, von denen die Bomben hinab ins Meer rollen sollten. Die Schießlöcher wurden so eng als möglich gemacht und mit Eisenblech überzogen, um der Gefahr, Feuer zu fangen, weniger ausgesetzt zu sein. Man kann dem Obristen d'Arçon die Anerkennung nicht versagen, daß er alles Mögliche gethan hatte, um seine Batterien zweck-

---

*) Mémoire pour servir à l'histoire du siège de Gibraltar, par l'auteur des batteries flottantes.

mäßig auszurüsten, und daß, wenn auch der Erfolg seinen Erwartungen nicht entsprach, viele fähige Männer nicht mit Unrecht ein großes Vertrauen darauf setzten *). Der Werth des dagegen angewandten Gegenmittels war noch wenig erprobt, und in der Festung selbst waren Viele nicht sehr dafür eingenommen.

Auch für den Angriff von der Landseite wurden ungeheure Zurüstungen getroffen. Eine Menge neuer Kanonen und Mörser traf ein, Faschinen, Sandsäcke, Schanzkörbe und Tonnen wurden in unermeßlicher Zahl angefertigt, die Truppen sehr vermehrt und dem Herzoge von Crillon, welcher so eben Minorca erobert hatte, das Commando über die Belagerungsarmee übertragen. Mit ihm traf in der Mitte Juni ein Französisches Hülfscorps von 4000 Mann unter dem General von Falkenhayn und ein ungeheures Kriegsmaterial, auf 130 Schiffen, auf der Rhede von Algesiras ein.

Die Seemacht, welche gegen Gibraltar agiren sollte, wuchs bis zu 330 Fahrzeugen **) an und wurde wieder unter die Befehle Don Moreno's gestellt, der inzwischen die Spanische Escadre vor Minorca commandirt hatte.

---

*) Dieser d'Arçon ist derselbe, welcher nachher in der Französischen Revolution eine große Rolle spielte und lange neben Carnot die Vertheidigung seines Vaterlandes gegen ganz Europa leitete.

**) Worunter 11 Linienschiffe, vide Tagebuch im Hannoverschen Magazin 1787 pag. 200 sq. u. 251.

Eine Menge platter Fahrzeuge, welche die zum Sturm bestimmten Truppen landen sollten, nachdem die schwimmenden Batterien die Festungswerke nach der Seeseite eingebrescht hätten, war hierin mit einbegriffen. Außerdem war eine combinirte Spanisch-Französische Flotte von 39 Linienschiffen und vielen Fregatten bei Cadix bereit, dem Versuch eines Entsatzes von Seiten einer Englischen Escadre sich zu widersetzen.

Die ganze Macht, die gegen Gibraltar in Thätigkeit gesetzt wurde, bestand aus 32,762 Mann Belagerungstruppen, aus 200 Geschützen in den Werken auf der Landenge, 212 Kanonen auf den schwimmenden Batterien, 900 auf den Schiffen, welche die Festung einschlossen, und 4000 auf der combinirten Flotte *).

Kein Unbefangener in ganz Europa hielt es für möglich, daß die Festung gegen diese ungeheure Macht sich halten könnte. Nur England verzagte nicht und rüstete mit Eifer eine Flotte unter dem großen Seehelden Howe zum Entsatze aus, während der würdige Vertreter seiner Macht am Mittelländischen Meere entschlossen war, er mochte siegen oder unterliegen, seine Pflicht zu erfüllen bis zum letzten Athemzuge. Eliott gehörte zu der geringen Anzahl der großen Männer, deren Kräfte wachsen mit der Gefahr, welche sie zu überwinden haben. Wohl nie zeigte ein

---

*) vide Scharnhorsts Geschichte der Belagerung von Gibraltar im Neuen Militairischen Journal, 3. Bd. pag. 69.

Festungscommandant eine größere Thätigkeit und Ausdauer wie er. Die Garnison war durch die erhaltenen Verstärkungen, und mit Inbegriff der Matrosen und Seesoldaten, bis zu 7500 Mann angewachsen; davon lagen 4 bis 500 Mann im Hospitale. Das Dienstdetail änderte sich wenig, aber die Zahl der Arbeiter stieg bis über 1700 Mann. Während dieser denkwürdigen Belagerung trat der merkwürdige Umstand ein, daß die Festung, je länger der Angriff währte, desto stärker wurde. Verschiedene neue Batterien waren angelegt und zum Theil in den Felsen hineingesprengt worden. Die ruinirten Festungswerke wurden, trotz des feindlichen Feuers, besser als bisher hergestellt. Jetzt richtete man die ganze Aufmerksamkeit auf die Werke an der Seeseite und versah die Batterien an den Molen mit neuen Brustwehren, wozu man sich abermals der Merlons bediente. Auch legte man hier Traversen und die oben erwähnten Deckungen gegen Bombenwürfe an. Die Sperrbäume an der alten Mole wurden verdoppelt, und Spanische Reuter im Meere gelegt, um der Landung mit Booten hinderlich zu sein. Die Schiffe und Prahmen, welche noch im Hafen lagen, brachte man an das Land, oder versenkte sie und formirte aus ihrer Bemannung eine Marinebrigade, welche auch zum Landdienst benutzt wurde.

Die nähern Details aller dieser Anordnungen und auch wie man sich auf einen gefürchteten nächtlichen Ueberfall vorbereitete, finden sich in Scharnhorsts denkwürdiger Beschreibung angegeben. Zugleich findet man dort bemerkt, wie Eliott keine Gelegenheit vorübergehen ließ, den Muth und das Selbstvertrauen seiner Truppen aufrecht zu erhalten, und wie er besonders den glänzenden Seesieg des Admirals Rodney bei Guadeloupe *) über die Französische Flotte dazu benutzte, den Nationalstolz der Engländer anzuregen.

Obgleich bei der erneuerten strengen Blockade und dem fast völligen Mangel aller frischen Nahrungsmittel, Scorbut und andere Krankheiten immer mehr unter den Truppen einzureißen begannen, blieb der Muth der Garnison im Ganzen doch ungebeugt und es hatte sich, durch gemeinschaftlich überstandene Leiden und Gefahren, ein herrlicher Esprit de Corps erzeugt, der Einzelne sich den größten Gefahren aussetzen ließ, um Cameraden zu retten, von dem Scharnhorst mehre denkwürdige Fälle anführt. Um zu zeigen, welche hohe Begriffe von Pflichttreue den Hannoverschen Soldaten beseelten, mag hier eine Anecdote ihren Platz finden, welche einigen meiner Leser nicht unbekannt sein wird. — Der General Eliott fand auf einer allein unternommenen Inspection der Außenwerke einen Hannoverschen Infanteristen, welcher verwundet war und nur mit Mühe sich auf seinem Posten aufrecht erhielt. Der Gouverneur, welcher dem Soldaten bekannt war, sagte diesem: „Gehe zurück und laß dich verbinden!“ Der Soldat antwortete: „Ich darf meinen Posten nicht eher verlassen, bis ich abgelös't bin,“ worauf der General erwiderte:

*) Am 12. April 1782.

„Nun so löse ich dich ab.“ Und Eliott nimmt das Gewehr und die Patrontasche des Soldaten und steht so lange Posten, bis der zurückgeschickte Soldat die nächste Wache benachrichtigt hat, um ihn abzulösen.

Die Monate Juli und August verstrichen in einer Ruhe, der Schwüle vergleichbar, welche dem Gewitter voranzugehen pflegt. Der Herzog von Crillon, überzeugt von dem geringen Nutzen eines partiellen Feuers, ließ dieses zu Lande gänzlich einstellen, setzte aber mit größter Thätigkeit den Bau der Batterien auf der Landenge fort. Das Feuer der Belagerten war freilich diesen Arbeiten sehr hinderlich und kostete den Belagerern viele Menschen, trotz dem beantworteten diese es nur ein einziges Mal, am 20. August, als die Bomben der Festung die Faschinen der feindlichen Batterien in Brand zu setzen drohten. Die Ankunft des Grafen von Artois — nachherigen Königs Carls X. — im Lager vor Gibraltar gab Veranlassung zur Erweiterung der Approschen bis an das Meer, wozu in der Nacht vom 15/16 August auf einmal die ungeheure Anzahl von 1,600,000 Sandsäcken gelegt wurden. Am 16. traf ein anderer Französischer Prinz, der Herzog von Bourbon, im Lager ein, und neben der größten Thätigkeit gab es dort Feste, Theater und Genüsse jeder Art — ein herber Contrast mit dem Zustande der Belagerten, welche schon lange völlig auf geringe Schiffsrationen reducirt waren. Der Herzog von Crillon übersandte dem General Eliott am 19. August, mit einem schmeichelhaften Schreiben, verschiedene Erfrischungen und Delicatessen. Der Gouverneur antwortete verbindlich, verbat sich jedoch solche Aufmerksamkeiten für die Zukunft. Als man am 8. September, von der Festung aus, Nachlässigkeiten in dem Dienst in den Batterien auf der Landenge bemerkte, erhielt General Boyd vom Gouverneur die Erlaubniß, eine ernstliche Probe mit den glühenden Kugeln anzustellen. Es wurde unerwartet ein heftiges Feuer auf die vorgeschobenen feindlichen Batterien eröffnet und mehre derselben bald in Brand gesetzt. Nur mit der größten Aufopferung und Tapferkeit gelang es den Spaniern und Franzosen, den größten Theil ihrer Werke zu retten, mehre Batterien brannten nieder und 14 Kanonen wurden zerstört. Dieses gab das Signal zu einem schrecklichen Feuer, welches am 9. sämmtliche Landbatterien und 9 Linienschiffe, nebst 15 Kanonen- und Mortierboote auf die Festung eröffneten. An den folgenden Tagen wurde dieses fortgesetzt, am 12. erschien die combinirte Spanisch-Französische Flotte unter Don Luis de Cordova, die mit Don Buenoventura Moreno's Escadre allein 50 Linienschiffe zählte, in der Bay von Algesiras, und am 13. fand endlich der Hauptangriff mit den schwimmenden Batterien statt.

Ueber 100,000 Menschen bedeckten die Gestade um den sicher erwarteten Fall der Festung mit anzusehen. Gegen 7 Uhr Morgens gab Don Buenoventura Moreno, der die 10 schwimmenden Batterien befehligte, das Signal zum Untersegelgehen, worauf diese von Puente Mayorga in der Mitte der Bay, wo sie ausgerüstet waren, erst nach Algesiras gingen, sich dort mit den Mörser- und Kanonenbooten und einer Menge anderer kleinerer Fahrzeuge vereinigten und darauf etwas nach 9 Uhr ihren Lauf auf die ihnen bestimmten Stationen vor den Festungswerken richteten. Diese schwimmenden Batterien bestanden aus:

Namen	Kanonen	Mann
Pastora von	31	760
Talla Piedra (Steinschneider) . . .	31	760
Rosario	29	700
Pablo Grande	31	760
San Christoval	28	650
Pablo Chico	13	340
Santa Anna	11	300
San Juan	13	340
Principe Carlos	15	400
Los Dolores	10	250
überhaupt von	212	5260

Dazu kamen noch:

Eine platte Prahme, welche die Spanier Castillo nannten, von 4 Kanonen.

Daneben 30 Kanonenboote, deren jedes eine sechsundzwanzigpfündige Kanone führte.

20 Mörserboote und 5 große Bombardiergalliotten, auf welchen ersteren ein, und auf den letzteren zwei Mörser aufgestellt waren.

Ferner 20 Galliotten, die mit zwei und mehren Kanonen besetzt waren.

Außer diesen Fahrzeugen hatte man 50 große platte Boote, die mit einem beweglichen Parapet versehen waren, das aufgerichtet, zur Schutzwehr gegen kleines Gewehrfeuer dienen sollte, und niedergelassen, zu einer Brücke gebraucht werden konnte, ausgerüstet. Diese Chaluppen waren von der Größe, daß ein jedes derselben 100 Mann halten, und, im Fall einer Bresche, in diesen allein auf einmal 5000 Mann ans Land gesetzt werden konnten *).

Es waren 2000 Verbrecher aus den Spanischen Gefängnissen herbei beordert, um das gefährliche Geschäft zu übernehmen, die schwimmenden Batterien in Booten zu begleiten und sie an die ihnen bestimmten Plätze zu führen.

Die Pastora, unter Don Moreno, legte sich vor 2 Anker auf etwas über 1000 Schritt von des Königs Bastion, die Talla piedra, unter dem Prinzen von Nassau **), welche den Erfinder d'Arçon mit am Bord hatte, nördlich daneben, die anderen Batterien auf beiden Seiten.

Die Artillerie der Festung stand bereit neben den Geschützen der bedrohten Batterien, feuerte aber nicht eher,

---

*) v. Hannoversches Magazin a. a. O.

**) Dieser Prinz von Nassau war ein unehelicher Nachkömmling des letzten Prinzen von Nassau-Siegen mit einer Französischen Marquise. Er war in Frankreich durch einen Parlamentsbeschluß legitimirt und in Spanien zum Grand erster Classe ernannt worden, wurde jedoch in Deutschland nicht als Prinz anerkannt.

als bis die erste schwimmende Batterie ihre Anker fallen ließ. Der General Eliott blieb während des ganzen Angriffs in der Königs-Bastion, der General Boyd nahm seinen Platz in der Süd-Bastion. Um ¼ vor 10 Uhr eröffnete die Festung das heftigste Feuer, besonders auf die die Batterien begleitenden Boote, welche bedeutend litten. Trotz dem lagen noch vor 10 Uhr sämmtliche schwimmende Batterien auf ihren Stationsplätzen vor Anker und um 10 Uhr begann ein Feuer auf die Festung, welches über alle Beschreibung heftig gewesen sein soll. 144 Kanonen der schwimmenden Batterien, unterstützt von 186 Geschützen der Landbatterien und einer Anzahl Mörser der Bombardiergaliotten, unterhielten dieses Feuer, auf welches von Seiten der Festung nur auf die schwimmenden Batterien, und zwar mit 92 Geschützen geantwortet wurde. Obgleich dem General Eliott gemeldet war, daß glühende Kugeln in genügender Anzahl vorhanden wären, so wollte er doch erst den Effect gewöhnlicher Kugeln und Bomben beobachten und ließ die erste halbe Stunde nur mit diesen feuern. Man fand indessen, daß die Kugeln auf die dicken Wände der Schiffe gar keinen Eindruck machten und daß die Bomben auf der Bedachung derselben ohne Schaden zersprangen oder von dieser in das Meer rollten. Dann erst schritt man zum Gebrauch der glühenden Kugeln, und die Englischen Artilleristen, denen die Nähe der feindlichen Schiffe erlaubte, sich des Visirschusses zu bedienen, schossen mit einer Genauigkeit, die schwerlich jemals übertroffen ist. Trotz des Schauers von Kugeln und Bomben, der auf sie regnete, trotz dem daß ein Theil ihrer Batterien von den feindlichen Landbatterien, auf welche kein Schuß geschah, in den Rücken genommen wurden, verläugneten sie nie die angeborene Brittische Ruhe und Kaltblütigkeit. Bei keiner Schießübung war noch so gut gefeuert worden, keine Kugel verfehlte zuletzt ihr Ziel, sehr häufig sah man sie in die engen Schießlöcher der feindlichen Batterien schlagen, und mehre Stunden dauerte dieses Feuergefecht fort, ohne daß sich das Uebergewicht auf eine oder die andere Seite geneigt hätte. Die feindlichen Kanonenboote wurden durch den eingetretenen Südwestwind abgehalten, Theil an dem Gefechte zu nehmen, aber die bewunderungswürdige Construction der schwimmenden Batterien widerstand lange Zeit der durch die glühenden Kugeln drohenden Feuersgefahr. Noch um 2 Uhr schrieb der Prinz von Nassau an den Grafen Artois: »Je reçois beaucoup de boulets rouges, mais on les éteint facilement, et j'espère Vous ouvrir bientôt les portes de Gibraltar.«

Aber schon um 3 Uhr änderte sich die Gestalt der Dinge. Der Rauch, welchen man schon früher ab und an aus den Schiffen hatte schlagen sehen, nahm überhand, zumal bei der Tallapiedra und Pastora und es liefen die traurigsten Meldungen beim Herzog von Crillon ein, die Besatzung der Schiffe sei erschöpft, die glühenden Kugeln wären nicht mehr zu löschen, aus der Tallapiedra habe man alles Pulver ins Wasser werfen müssen, um nicht aufzufliegen u. dgl. m. Um 5 Uhr wollte d'Arçon das benannte Schiff verlassen, aber der Prinz von Nassau hielt ihn bis nach Mitternacht zurück. Verwirrung wurde nunmehr auf verschiedenen der schwimmenden Batterien sichtbar, gegen Abend ließ ihre Kanonade ungemein nach und um 8 Uhr hörte sie, mit Ausnahme zweier nördlicher Batterien, die wenig gelitten hatten, ganz auf. Man sah darauf verschiedene Boote die Batterien umgeben, um die Mannschaft derselben zu retten, unter welcher die Englische Artillerie eine schreckliche Verheerung anrichtete. Ein allgemeines Geheul und Geschrei wurde in der Festung von diesen Booten und den Schiffen gehört. Gegen 11 Uhr trieb das Wrack einer Barke ans Land, auf welcher sich noch 1 Officier und 11 Mann befanden, von 80, die darauf gewesen waren. Von diesen Gefangenen erhielt die Garnison die erste sichere Nachricht ihres Sieges. Das Feuer wurde unermüdlich fortgesetzt und die erschöpften Artilleristen zum Theil durch Leute der Marine-Brigade abgelös't. Um 1 Uhr nach Mitternacht stand die Pastora und zwischen 3 und 4 Uhr noch 6 andere schwimmende Batterien in vollen Flammen. Dieses Schauspiel war schrecklich, erlaubte aber durch die dadurch verbreitete Helle, der Artillerie der Festung mit größter Genauigkeit zu zielen, und noch vor Tagesanbruch lief der Brigadier Curtis mit seinen Kanonenbooten aus, flankirte die schwimmenden Batterien und vertrieb die feindlichen Boote von selbigen. Das Schicksal der auf den Batterien gebliebenen Mannschaft war nun das fürchterlichste, welches sich nur denken läßt, von allen Seiten drohte der Tod und keine Hoffnung der Rettung war mehr vorhanden. Verzweiflung ergriff diese Unglücklichen, Einige beteten, Andere heulten, noch Andere erwarteten in dumpfer Erstarrung ihr Ende, Viele berauschten sich, um ihre Sinne zu betäuben.

Dieser Zustand rührte die menschlichen Sieger, das Feuer der Festung wurde eingestellt und der Brigadier Curtis ruderte mit seinen Booten, trotz der drohenden Lebensgefahr, auf die feindlichen Schiffe, um die Mannschaft derselben zu retten. Die Bigotterie der Spanier, die durchaus den Ketzern nicht folgen wollten, von denen sie aufgehängt zu werden befürchteten, machte ihre Rettung noch schwieriger. Mehre derselben wurden nur mit Gewalt in die Englischen Boote gebracht und das jetzt stattfindende Auffliegen verschiedener schwimmender Batterien drohte den erstern die höchste Gefahr. Ein Englisches Boot wurde dadurch gesenkt, jedoch rettete sich die Mannschaft durch Schwimmen, bis sie aufgefischt wurde; das Boot, auf welchem Curtis sich befand, verlor mehre Leute und erhielt einen so großen Leck, daß nur eiligst hinein gestopfte Jacken der Matrosen den Untergang desselben verhüteten. Trotz dem ließen Curtis und seine braven Seeleute nicht nach und hatten das Glück 354 Unglückliche zu retten. Als sie aber in den Bereich der Batterien auf der Landenge kamen, feuerten diese auf sie und verwundeten mehre Matrosen, weshalb man die nördlichen Batterien ihrem Schicksale überlassen mußte. Ein Spanisches Schiff, welches von Mayorga auslief, um die auf den letztern befindlichen Leute zu retten, wurde durch das Feuer der Festung vertrieben, da man glaubte, es wolle diese Batterien, die noch nicht brannten, gleichfalls anzünden, und da man wünschte, sie unversehrt in die Festung zu bringen.

So verschwor sich Alles gegen das Schicksal dieser unglücklichen Menschen, und der Verlust der schwimmenden

Batterien, obgleich nie etwas Officielles darüber bekannt gemacht ist, muß ungeheuer gewesen sein und hat jedenfalls über 2000 Mann betragen.*) Sieben Batterien flogen bis Mittags 1 Uhr in die Luft und zwei andere, aus denen das Pulver geworfen war, brannten bis auf den Wasserspiegel ab. Die zehnte wurde von den Engländern, nachdem sie sich vergebens bemüht hatten, sie in den Hafen zu bringen, in Brand gesteckt. Der Verlust der Garnison bestand, trotz des anhaltenden heftigen Geschützfeuers von der Land- und Seeseite, nur in 1 getödteten und 5 verwundeten Officieren, und 15 getödteten, so wie 64 verwundeten Unterofficieren und Soldaten.

Die Garnison bewies an diesem heißen 23. September eine Unerschrockenheit und einen freudigen Diensteifer, welcher sie des Glücks, das ihre Anstrengungen belohnte, würdig zeigte. Wenn auch der Natur der Sache nach der Artillerie vorzugsweise die Ehre des Tages gebührt, so verdient doch auch zum Ruhm der Infanterie hervorgehoben zu werden, daß die ganze, nicht im Dienst seiende Mannschaft derselben sich zu freiwilligen Dienstleistungen bei der Artillerie erbot. Und wer wollte einem Curtis und seinen braven Seeleuten

---

*) Von einem Schiffe, dem Pablo Grande, welches keineswegs vorzugsweise exponirt war, hat man eine authentische Verlust-Liste. Sie beträgt: An Ertrunkenen 152 Mann,
an Erschossenen 122 „
an Verwundeten 82 „
356 Mann.
Die Verwundeten starben fast sämmtlich in Folge ihrer Blessuren.

die Anerkennung versagen, welche die heldenmüthige Aufopferung verdient, mit der sie dem Tode trotzten, um Feinde zu retten, welche so eben noch der Festung den Untergang gedroht hatten! General Eliott fand es überflüssig, in prahlenden Worten seinen Triumph zu feiern und der Ehrbegierde der Garnison zu schmeicheln. Wo Alle ihre Schuldigkeit gethan hatten, wollte er nicht Einzelne hervorheben; und die Parole des folgenden Tages: „George and Victory!“ drückte seine und seiner tapfern Untergebenen Gefühle genügend aus.

Wie groß das Vertrauen war, welches zumal die Franzosen auf die Erfindung ihres Landsmanns und die ungeheuren Kriegsrüstungen vor Gibraltar gesetzt hatten, geht aus der Aeußerung eines höhern Officiers hervor, welcher sagte: „Nous avons de quoi à prendre quatre Gibraltar.“ Auch die Erfahrung des 8. Septembers, wo die glühenden Kugeln sich so wirksam zeigten, schlug dieses Selbstvertrauen nicht nieder, indem ein anderer Französischer Officier sich erbot: „de recevoir tous les boulets rouges dans son estomac.“ Daß dieses Vertrauen bei den Spaniern nicht so groß war, ergab sich daraus, daß sich nur wenige Freiwillige zu der Bemannung der schwimmenden Batterien fanden, und daß außer den 2000 Verbrechern, welche nach Spanischer Sitte auf die gefährlichsten Posten gestellt wurden, die übrige Mannschaft von den Regimentern commandirt werden mußte. Die verschont gebliebenen Verbrecher richteten nachher großes Unheil an, indem sie in der Verwirrung der Nacht vom $^{13}/_{14}$. September davon liefen, sich in Banden vereinigten und mehre Theile Spaniens noch lange nachher unsicher machten.

Trotz des ungeheuern Vortheils, den die Belagerten durch Zerstörung der schwimmenden Batterien über die Belagerer erfochten hatten, blieb der Zustand der Garnison doch sehr traurig, da die Blockade fortdauerte und auch das Feuer von der Land- und Seeseite fortgesetzt wurde. Der Herzog von Crillon wechselte sehr verbindliche Schreiben mit dem General Eliott über die Behandlung der Spanischen Kriegsgefangenen und wollte gegen drei Spanier nur einen Engländer ausliefern, durch welchen Vorschlag das Selbstgefühl der letzteren noch sehr gesteigert wurde. Der Hof zu Madrid gab noch immer die Hoffnung nicht auf, Gibraltar wieder zu erobern, und die Projectenschmiede hatten wieder freies Spiel. Von den vielen unsinnigen Ideen, welche aufs Neue zu Tage gefördert wurden, soll hier nur Eine angeführt werden, an deren Realisirung wirklich gearbeitet wurde. Man beabsichtigte nämlich, einen Minengang in den Felsen zu treiben und die nördlichen Batterien, von denen die niedrigsten 400 Fuß hoch waren, in die Luft zu sprengen. Der Minengang wurde wirklich angefangen, aber nicht vollendet, und dient, wie es heißt, heutiges Tages der Garnison zu einem vortrefflichen Keller für Kartoffeln und andere Gemüse.

Die Ankunft der Entsatzflotte unter dem Admiral Howe zog zunächst die ganze Aufmerksamkeit von Freund und Feind auf sich. Sie bestand aus 34 Linienschiffen und war schon am 8. September von Plymouth ausgelaufen, durch widrige Winde und Sturm aber sehr aufgehalten worden. In der Nacht vom 10/11. October trat ein Orcan mit Regenströmen begleitet ein, welcher nicht allein das Lager von San Roque beinah ganz zerstörte, sondern auch besonders der großen feindlichen Flotte in der Bay von Algesiras sehr gefährlich wurde. Die Schiffe wurden von ihren Ankern gerissen, durch und theilweise gegen einander geworfen, viele mußten die hohe See suchen, mehre kleinere gingen ganz unter, und zwei Linienschiffe geriethen unter den Kanonen der Festung auf den Grund, von denen eins entkam, das andere aber, der San Miguel von 72 Kanonen, unter Don Juan Moreno, mußte sich ergeben. Auch die Truppen der Garnison die unter Zelten lagen, litten viel, die Englische Flotte dagegen, welche vor der Straße von Gibraltar kreuzte, kam ohne Verlust davon.

Schon am Nachmittage des 11. lief die Englische Fregatte Latona, der feindlichen Flotte trotzend, welche sich von der Verwirrung, worin der Sturm sie versetzt hatte, noch nicht erholen konnte, in den Hafen von Gibraltar ein und brachte die sichere Kunde des nahenden Entsatzes. Einige Stunden später folgten vier mit Kriegsbedürfnissen beladene Transportschiffe. Am Morgen des 12. übersah man von der Festung aus die ganze Englische Flotte in Schlachtordnung aufgestellt. Gegen Abend liefen noch 4 Transportschiffe, unter Bedeckung eines Linienschiffs, in Gibraltar ein. Die feindliche Flotte war auch an diesem Tage noch nicht im Stande, aus der Bay zu laufen und schickte nur einige Kanonenboote aus, welche jedoch bald wieder nach Algesiras zurückkehrten. Der Gouverneur hatte Depeschen aus England erhalten, welche vom Juli und August datirt waren, und worin König Georg III. der tapfern Garnison sein Allerhöchstes Wohlgefallen zu erkennen gab und versprach, ihr ruhmvolles Verhalten vom Höchsten bis zum Niedrigsten zu belohnen. Diese gnädigen Aeußerungen erregten um so größere Freude, als man sich bewußt war, in einer spätern Zeit, als sie abgefaßt waren, noch höhere Ansprüche auf die Königliche Dankbarkeit sich erworben zu haben.

Am 13. endlich segelte die combinirte Flotte, noch 46 Linienschiffe und eine große Menge kleinerer Fahrzeuge stark, aus der Bay von Algesiras aus, und es eröffnete sich der Garnison ein Anblick, der für alles bis dahin ausgestandene Ungemach entschädigte. Die 33 Englischen Linienschiffe — eins war noch in Gibraltar bei den Transportschiffen geblieben — boten den 46 combinirten Spanisch-Französischen die Schlacht an, welche Don Luis de Cordova nicht räthlich fand anzunehmen, und Lord Howe fing nun an so meisterhaft zu manövriren, daß er alle seine Transportschiffe, bis auf zwei nach, ungehindert in Gibraltar einlaufen lassen konnte. Der in der Festung gefangene Seecapitain, Don Juan Moreno, wurde beim Anblicke dieser Manöver so von Bewunderung hingerissen, daß er ausrief: „Großer Gott, was ist Lord Howe für ein Mann!“ Als der Englische Admiral seinen Zweck, die Festung zu verproviantiren, erreicht hatte, segelte er in der

Nacht geschickt um die feindliche Flotte herum, bot ihr aber am Ausgange der Straße von Gibraltar abermals die Schlacht an, und es kam diesesmal zu einem partiellen Gefechte, worin beide Theile einige Hundert Mann verloren. Lord Howe segelte darauf nach England zurück und mit ihm der Capitain Curtis, dessen Tapferkeit und Edelmuth von seinem Könige durch Ertheilung der Ritterwürde belohnt wurde.

Die Verstärkung an Mannschaft und Vorräthen, welche Gibraltar durch die Flotte des Lords Howe erhalten hatte, war sehr bedeutend. Sie bestand aus 2 neuen Infanterie-Regimentern, dem 25. und 59. und einer Anzahl Recruten, im Ganzen 1630 Mann, einer großen Menge Munition, gesalzenen Fleisches, trockenen Gemüses, Steinkohlen und anderer Gegenstände. Frische Lebensmittel waren auch von Privatunternehmern mitgeschickt, kamen aber der Garnison wenig zu statten, da sich die Speculation hinein gemischt und die Preise so hoch angesetzt hatte, daß der Ankauf dieser Gegenstände an die Unmöglichkeit grenzte. So niedrig zeigte sich die Gewinnsucht mehrer Kaufleute, daß sie die ihnen angebotenen 100 Procent Vortheil verschmähten, und am Ende mehre Transportschiffe, ohne auszuladen, wieder davon segelten.

Die Garnison war jetzt so stark, wie sie nie zuvor gewesen, und belief sich auf mehr als 8000 Mann diensttüchtiger Truppen. Der Invaliden hatte man sich wieder entledigt und Alles befand sich in einer so vortrefflichen Verfassung, daß auch wohl dem ängstlichsten Gemüthe die Möglichkeit eines Verlustes der Festung nicht mehr vorschweben konnte.

Der Spanische Hof gab jedoch auch jetzt noch nicht völlig diesen Gedanken auf. Der alte Don Antonio Barcelo wurde wieder in Thätigkeit gesetzt und fing sein früheres Plagesystem mit Kanonen und Mortierbooten von Neuem an, wodurch er der Besatzung sehr lästig fiel. Die Landtruppen wurden sehr vermindert, die Arbeiten von der Landseite auch mehr zum Scheine, als ernstlich fortgesetzt. Der Herzog von Crillon behielt das Commando, die Französischen Prinzen jedoch, welche sich zu langweilen angefangen hatten, verließen das Lager um die Mitte October. Vor Allem arbeitete man an dem Minengange fort, wohl mehr um den Hof zu befriedigen, als daß man sich ernstlichen Vortheil davon versprochen hätte. So floß das Jahr 1782 traurig genug dahin, aber die ruhmreichen Erinnerungen, welche es hinterließ, erhielten die Stimmung der Besatzung aufrecht.

Am 2. Februar 1783 brachte ein Spanisches Boot die erste Nachricht von den Präliminarien des Versailler Friedens, und am 15. desselben Monats wurde die Blockade aufgehoben. Am 10. März endlich erhielt der Gouverneur die officielle Bestätigung des abgeschlossenen Friedens, und am 12. gab er sich außerhalb der Festung mit dem Herzoge von Crillon ein Rendezvous. Beide Generale umarmten sich und unterhielten sich sehr freundschaftlich, und bald darauf machte der Herzog von Crillon dem Gouverneur einen Besuch in der Festung, wo er durch sein feines und würdevolles Benehmen alle Gemüther für sich einnahm.

Hiemit war also eine der merkwürdigsten Belagerungen, welche die ältere und neuere Geschichte kennt, beendigt. Sie hatte 3 Jahre 7 Monate und 25 Tage gedauert und beiden Theilen ungeheure Summen gekostet. An Munition war während dieser Zeit von der Festung verfeuert: 221,093, von den Belagerern: 258,387 Kanonenschüsse und Bombenwürfe.

Der Verlust der Garnison betrug:

Auf dem Platze geblieben und an Wunden gestorben	333	Mann
Zum Dienste durch Wunden unfähig . .	138	"
An Krankheiten gestorben, die, welche an Scorbut 1779 und 1780 starben, ausgenommen	536	"
Außer Dienst durch incurable Zufälle .	181	"
Desertirt	43	"
Verlust überhaupt	1231	Mann.

Der Verlust der Hannoverschen Brigade ist aus dem Folgenden speciell zu entnehmen:

Regimenter	Todt auf der Stelle geblieben			An Wunden gestorben			Durch Wunden dienstunfähig			Von Wunden hergestellt				An Krankheiten gestorben			Desertirt
	Officiere	Sergt.	Andere	Officiere	Sergt.	Andere	Officiere	Sergt.	Andere	Officiere	Sergt.	Tbr.	Andere	Officiere	Sergt.	Andere	
Reden . . .		2	7	—	—	6	—	1	4	1	1	1	33	1	1	16	1
De la Motte .		3	16	—	—	6	—	1	6	—	2	—	42	2	2	10	1
Sybow, früher Hardenberg		2	18	—	—	6	—	2	—	1	7	2	69	—	—	7	5
Total . .	—	7	41	—	—	18	—	4	10	2	10	3	144	3	3	33	7

Die Garnison wohnte, bald nach wiederhergestelltem Frieden, einer imposanten Feierlichkeit bei, indem der General Eliott auf der Königs-Bastion, dem Schauplatze seines letzten und größten Triumphes, unter herkömmlichem großen Ceremoniell, mit dem Bath-Orden bekleidet wurde. Auch der General Boyd erhielt diesen Orden und dem General Eliott wurde späterhin noch die Auszeichnung zu Theil, unter dem Titel Lord Heathfield zur Pairswürde erhoben zu werden.

Die Hannoversche Brigade sehnte sich nach ihrem Vaterlande zurück, aber es verging noch über ein volles Jahr, ehe ihre heißen Wünsche in Erfüllung traten. Am 23. August 1784 endlich wurde sie eingeschifft, nachdem sie von dem Gouverneur auf die ehrenvollste und herzlichste Weise entlassen war, und langte am 28. September in der Weser bei Geestendorf an, wo sie die für Schiffe aus dem Mittelländischen Meere vorgeschriebene Quarantaine halten mußte. Am 16. October wurde sie debarkirt und am Lande von dem Generalmajor und Inspecteur der Infanterie von dem Bussche empfangen und gemustert, nachdem der Englische Major Gunn sie gleichfalls Mann für Mann in Augenschein genommen hatte, und sie damit aus dem Englischen Dienste entlassen war. Das gesunde kräftige Aussehen der Truppen erregte allgemeine Freude, überall zeigte sich die größte Theilnahme für sie bei ihren Landsleuten, und bei der Ankunft der drei Bataillons in ihren respectiven Garnisonen zu Nienburg, Verden und Hameln, wurden sie von ihren Cameraden und Mitbürgern mit großen Ehrenbezeugungen empfangen, die sich durch erbaute Ehrenpforten, Ueberreichung von Gedichten durch junge Damen, veranstaltete Feste und dgl. aussprachen. Der Prinz Wilhelm Heinrich, ihr alter Freund von Gibraltar her, der sich gerade im Lande befand, verherrlichte diese herzlichen Bewillkommnungsscenen durch seine Gegenwart.

Es lag nicht im Zwecke dieser Arbeit, neue Aufschlüsse von allgemeinem historischen Interesse über die Geschichte der Belagerung von Gibraltar zu geben. Die Litteratur über diesen Gegenstand ist längst abgeschlossen, obgleich sie der gegenwärtigen Generation wohl weniger zugänglich sein möchte. Das große Werk des Capitains Drinkwater enthält Alles, was den Engländern darüber zu wissen interessiren kann; das Tagebuch des Auditeurs Friedrichs kann als Ergänzung dieses Werkes angesehen werden. Aus diesen beiden Quellen schöpfte Scharnhorst vorzugsweise seine Bearbeitung der Geschichte der Belagerung und fügte viele eigene Bemerkungen hinzu, die dem Artilleristen immer lehrreich bleiben werden. Nach solchen Vorarbeiten ist über die Thatsachen, die sich bei dieser denkwürdigen Belagerung zugetragen, nicht viel Neues mehr zu berichten; da wir jedoch uns nur zur Aufgabe gestellt haben, die Schicksale der Hannoverschen Brigade vor, während und nach der Belagerung zu schildern, so glauben wir unsern Gegenstand am Würdigsten damit zu beschließen, daß wir aus den officiellen, uns vorliegenden Papieren, die ehrenvollen Zeugnisse mittheilen, welche das Wohlverhalten unserer Landsleute bekräftigen, und dann die Belohnungen anführen, welche die Gnade ihres großsinnigen Fürsten und die Dankbarkeit ihres tapfern Anführers ihnen zu Theil werden ließen.

Nachdem die Hannoversche Brigade ihren Antheil mit erhalten hatte an den Dankbezeugungen des Königs und beider Häuser des Parlaments, welche der Garnison von Gibraltar auf feierliche Weise eröffnet wurden und denen der General Eliott seine eigenen Dankbezeugungen hinzugefügt hatte, beschloß Georg III. seinen angestammten Truppen das Versprechen noch auf besondere Weise zu erfüllen, welches er bei einer frühern Gelegenheit der heldenmüthigen Garnison in den Worten eröffnet hatte, er wolle ihr tapfers Benehmen vom Höchsten bis zum Niedrigsten belohnen*). Auf seinen Befehl mußte der Generaladjutant von Freytag den Gouverneur Eliott um Ausstellung eines Zeugnisses über das Verhalten der churfürst-

*) Siehe pag. 73.

lichen Brigade ersuchen. Die Correspondenz der beiden Generale in dieser Angelegenheit und das Zeugniß selbst ist in dem Folgenden enthalten:

*Uebersetzung.

London den 16. April 1783.

Sir,

Obgleich Sie verschiedene Male geneigt haben, der Hannoverschen Truppen unter Ihren Befehlen in so günstigen Ausdrücken zu erwähnen, daß sie deren Betragen zur Ehre gereichen müssen, so hat doch Se. Majestät, Dessen gnädigste Absicht es ist, ihr Verdienst und ihre Anstrengungen bei ihrer Rückkehr von Gibraltar durch ein besonderes Zeichen Seiner Königlichen Zufriedenheit zu belohnen, mich mit Seinen Befehlen beehrt, Sie zu ersuchen, daß Sie Ihm nach bester Ueberzeugung die Verdienste berichten wollen, welche

London 16th Apr. 1783.

To the Honble Sr Elliott
Governor at Gibraltar
etc. etc. etc.

*Sir

Though you have been pleased at different times to mention the Hanoverian Troops under your Command in such favorable terms as must reflect honor on their Conduct, yet as it is His Majesty's most gracious Intention, on their return from Gibraltar, to distinguish their Merit and Exertions by some particular Mark of His Royal Approbation, He has honored me with His Commands to desire, you will faithfully report to Him the Merit of their Conduct, while under your Command,

diese Truppen sich unter Ihrem Commando und während der tapfern Vertheidigung der Garnison erworben haben, und daß Sie zugleich im Falle einer vorzüglichen Auszeichnung, ohne Rückhalt anführen wollen, welchem der drei Bataillons, oder welchem Officier insbesondere am Meisten Lob gebührt.

Da ich wahrscheinlich von England abwesend sein werde, wenn Ihre Antwort eintrifft, so erlauben Sie mir, Sir, die Bitte hinzuzufügen, den Bericht an den Baron Alvensleben zu addressiren, welcher ihn Seiner Majestät übergeben wird.

Ich habe die Ehre mit großer Achtung und Hochschätzung zu sein

Sir

Ihr ganz
gehorsamster Diener.

W. v. Freytag.

and during the brave Defence of the Garrison, and that you will likewise state without reserve, in case of any prevailing distinction, to which of the three Battalions, or to which of the Officers in particular, most praise is due.

As probably I may be absent from England, when your Answer arrives, permit me, Sir, to add the request, to enclose this Report to Baron Alvensleben, who will deliver the same to his Majesty.

I have the honor to be with great Regard and Esteem,

Sir

your most obed[t]
humble servant

W. v. Freytag.

Gibraltar den 21. Juni 1783.

Antwort

Sir,

Am 11. d. hatte ich die Ehre, Euer Excellenz Schreiben vom 16. April zu erhalten und ergreife begierig diese Gelegenheit, den Befehlen Seiner Majestät gehorchend, die eingeschlossene Erklärung zu übersenden, so wenig sie auch der Würde des Gegenstandes angemessen ist.

Ich habe die Ehre zu sein

Sir

Euer Excellenz
ganz gehorsamster Diener
G. A. Eliott.

Gibraltar June 21th. 1783.

Sir

On the 11th. instant I had the honour of your Excellency's letter of the 16th. April, and do most eagerly seize the opportunity, in obedience to His Majesty's Commands, of transmitting the inclosed declaration, altho' no ways proportioned to the dignity of the subject.

I have the honour to be

Sir

your Excellency's most obedient and most humble servant

G. A. Eliott.

S. E. Mons' Le Baron de Freytag.

Erklärung.

Gibraltar den 21. Juni 1783.

Die Brigade Seiner Majestät Hannoverscher Truppen,

Declaration.

Gibraltar June 21th. 1783.

The Brigade of His Majesty's Hanoverian Troops,

bestehend in einem Bataillon des Redenschen, einem des la Motteschen und einem des Sydowschen Regiments, hat verschiedene Jahre in dieser Garnison gedient und sich fortwährend höchst musterhaft betragen; seitdem aber die Festung vom Feinde eingeschlossen worden, sind an Geduld, Gehorsam, Disciplin, Wachsamkeit, Tapferkeit, Eifer, Kraft und Muth kaum jemals andere Truppen ihr gleichgekommen, nie jedoch, kann ich versichern, ist sie darin übertroffen worden. Die lange Dauer des Angriffes gab ihr beständige Gelegenheit, diese kriegerische Tugenden zu Gunsten ihrer Freunde und zum Verderben ihrer Feinde an das Licht zu stellen; und um diese großen Thaten noch mehr auszuzeichnen, so waren sie begleitet von milder Gesittung und liebevoller Fürsorge, ihren Cameraden in der Noth beizu-

consisting of One Battalion of Reden's, One of La Motte's, One of Sydow's, having served several Years in this Garrison, their Conduct has always been most exemplary, but since the Enemy sat down before the Place, their Patience, Subordination, discipline, vigilance, fortitude, Zeal, Vigour, and Courage, has scarce ever been equalled; but I will venture to affirm has never been exceeded. The duration of the Attack gave them constant Opportunities of exhibiting these Martial virtues in favor of their Friends, and to the destruction of their enemies: And to render these great Actions still more conspicuous, they were accompanied by the Mildness of Civilization, and Tenderness in relieving, and assisting, their Comrades in distress; when I say Com-

stehen und zu helfen. Wenn ich mich des Ausdrucks „Cameraden" bediene, so ist die ganze Garnison darunter gemeint, da die größte Eintracht stets ohne die geringste Unterbrechung unter den Officieren und Soldaten geherrscht hat und noch herrscht.

rades, the whole Garrison is meant, as the utmost harmony does, and always subsisted between Officers and Soldiers, without the smallest Interruption.

Da jeder Einzelne so vorzüglich den ihm in seiner besonderen Stellung zukommende Dienst bei jeder Gelegenheit verrichtet hat, so will ich es mir nicht erlauben, irgend Jemand hervorzuheben, indem Alle, nach meiner Meinung, auf gleichen Vorzug ein unumstößliches Recht haben, deßwegen werden sie im völligen Besitze so vieler unbefleckter Ehre bleiben, als irgend andere Truppen auf der ganzen Erde. Ich kann nur hinzufügen, daß das ausgezeichnete Beispiel des Generalmajors de la Motte, ihres Anführers, und der verschie-

Every Individual having so pointedly performed the Service, required of him in his proper Station, upon all Occasions, I will not venture to mark out any one, as each particular has, in my opinion, an absolute right to the same preference, therefore they will remain in full possession of as much unsullied honours as any Troops in the Universe. — I can only add that the distinguished example of Major General de la Motte, their Commander, and the several subordinate Officers in

denen unter ihm dienenden Officiere sehr viel zu diesem außerordentlichen Benehmen beigetragen haben müsse.	command under him must have greatly contributed to such extraordinary behaviour.
G. A. Eliott, Gouverneur.	G. A. Eliott, Govr.

In Folge dieses ehrenvollen Zeugnisses befahl der König, in dem Rescripte vom 14. October 1783, an den commandirenden General von Reden zu Hannover, daß den drei in Gibraltar dienenden Bataillons, bei ihrer Zurückkunft in das Land folgende Distinctionen zu Theil werden sollten:

1. Sollten diese Bataillons auf beständige Zeiten den Namen des Gibraltarschen Bataillons in ihren Regimentern führen.

2. Sollten ihnen besondere Fahnen übergeben werden auf welche ein Prospect des Felsens von Gibraltar mit dem darüber stehenden Motto: „Mit Eliott Ruhm und Sieg!" gemalt war.

3. Wurde beliebt, daß die Grenadiere der Bataillons an ihren Bärenmützen, auf einer vergoldeten oder versilberten Platte, den Namen „Gibraltar" führen sollten.

4. Sollten die verabschiedeten Unterofficiere und Gemeine, welche der Belagerung beigewohnt hatten, auf ihren Abschieden eine Titelvignette erhalten, welche dem Fahnenbilde ähnlich war, und

5. War für die fortdienenden Unterofficiere und Gemeine, die noch mit in Gibraltar gewesen waren, eine Distinction vorgeschrieben, die in einer Schnur auf dem rechten Aermel der Montirung, mit dem eingewebten Namen „Gibraltar", bestand.

Die Gnade des Königs und Churfürsten blieb hiebei nicht stehen, sondern verordnete auch noch, daß sämmtliche in Pension getretene, oder noch künftig dazu berechtigte Unterofficiere und Gemeine der Gibraltarschen Brigade eine Erhöhung der Pension erhalten sollten, aus ⅔ des gewöhnlichen Satzes bestehend. Ein Gemeiner, der bis dahin 1 ℔ Cassen Münze Pension monatlich erhalten hatte, bekam nun, wenn er Gibraltaner war, 1 ℔ 16 gr, ein Sergeant erhielt statt 3 ℔, deren 5.

Man ersieht aus Obigem, daß die Officiere weniger gut bedacht waren, indem man damals in der Hannoverschen Armee keine Orden kannte. Indessen verfiel der General Eliott noch auf ein besonderes Mittel, das Andenken an seine glänzende Vertheidigung zu verewigen, wozu ihm die Königliche Erlaubniß zu Theil wurde. Er ließ nämlich silberne Medaillen schlagen, noch etwas größer, als die jetzigen Zweithalerstücke, und an die sämmtlichen Individuen der Garnison austheilen, welche unter seinen Befehlen die denkwürdige Belagerung überstanden hatten. Die Uebersendung dieser Medaillen an den Feldmarschall von Reden war von dem folgenden Briefe begleitet:

A Gibraltar le 15. Juillet 1785.

Monsieur!

Je prends la liberté d'addresser Votre Excellence sur une affaire qui m'interresse sensiblement. Sa Majesté, m'ayant fait la grace de permettre que je fasse frapper des médailles en argent, pour transmettre à la postérité la mémoire d'un fait militaire, jusques à présent, je crois, sans exemple: Votre Excellence conçoit naturellement que je veux parler de cette illustre brigade des Troupes Electorales de Sa Majesté, qui se sont si hautement distinguées aux yeux de l'Europe, durant un terme et dans des circonstances, qui auraient mis à l'épreuve la vertu de héros les plus renommés. Votre Excellence ne me croira pas capable de publier ces justes louanges, afin de m'arroger la moindre partie de leur mérite. Le général fait la guerre trop à son aise, quand il peut se reposer sur le courage et la fidélité d'une pareille troupe, remplie de zèle, patience et bravoure, et d'une conduite si réglée, quoiqu' exposée à des travaux sans relâche, des maladies, des blessures, souvent à la disette, ne jouissant jamais l'abondance. Votre Excellence les connaît; je ne finirai pas, si j'en disais tout le bien que je sens dans le coeur.

Le Roi m'ayant permis de lui présenter une médaille en or, aussi à Sa Majesté la Reine, le Prince de Galles et les Princes et Princesses de la famille Royale; cela fait les caisses portantes les médailles en argent seront remises à Hanovre sans perte de temps. Oserai-je donc prier Votre Excellence d'accepter une, et de faire offrir à Messieurs le Lieutenant-Général de la Motte et le Général-Major de Sydow une, aussi bien qu'à chaque officier et soldat de toute description, qui servait à Gibraltar au mois de Juin 1779 ou depuis jusqu'au départ de la brigade. Je me flatte qu'ils voudraient les recevoir comme un faible témoignage d'amitié et de reconnaissance, qui ne cesseront qu' avec la fin de ma vie.

J'espère qu'on enverra suffisamment de médailles pour remplir l'intention, mais si contre mon attente il pourrait en manquer, au moindre avis le nombre sera complété immédiatement.

J'espère que M. le Général de Freytag, mon ancien ami, avec qui j'ai été en correspondence sur les affaires, ne voudra pas refuser une médaille, frappée sous les auspices Royaux.

Votre Excellence pardonnera ma hardiesse en la priant de se charger de cette commission; mais il m'a paru que par ses mains seules elle passerait avec la dignité convenable.

J'ai l'honneur d'être avec un attachement respectueux, Monsieur,

de Votre Excellence

le très humble et le très
obéissant serviteur
G. A. Eliott.

Im Churfürstenthum Hannover wurden 1311 dieser Medaillen vertheilt. Sie enthielten auf der einen Seite die Ansicht von Gibraltar und der schwimmenden Batterien davor, mit der Umschrift: „Per tot discrimina rerum," und der Unterschrift: „XIII. Sept. MDCCLXXXII," auf der andern Seite in einem Lorbeerkranze die Namen: „Reden, La Motte, Sydow, Eliott," mit der Umschrift: „Bruderschaft." Die an Engländer vertheilten Medaillen werden natürlich eine andere Kehrseite gehabt haben. Das Gepräge der Madaille war sehr schön und ist bei der uns vorliegenden noch völlig erhalten; sie war nicht bestimmt, an einem Bande getragen zu werden, indessen sah man nach der Wiederherstellung der rechtmäßigen Regierung der Hannoverschen Lande noch manchen Veteranen, der die Medaille vor der Brust trug, was man auch gern gewähren ließ. Seit längern Jahren jedoch schon wird sie nicht mehr erblickt.

Die letzte Auszeichnung, welche den Gibraltanern zu Theil wurde, fand im Jahre 1787 Statt, wo die Stadt London ein großes Oelgemälde anfertigen ließ, das eine der Scenen der denkwürdigen Belagerung verewigen sollte, und wozu sie einen Maler nach Deutschland herüberschickte, dem auf Königlichen Befehl die vornehmsten vier Officiere der Hannoverschen Brigade, als der Generallieutenant de la Motte, die Obristen von Dachenhausen, von Hugo und von Schlepegrell, sitzen mußten.

Die wenige Jahre darauf ausbrechende Französische Revolution und die großen Weltbegebenheiten, welche durch sie veranlaßt wurden und bald auch das Churfürstenthum Hannover mächtig ergriffen, drängten das Andenken an die merkwürdige Belagerung von Gibraltar in den Hintergrund; und nachdem der letzte der Gibraltaner, unsers Wissens, vor einigen Jahren gestorben, giebt es nur noch Wenige unter uns, denen genau bekannt wäre, welche Entbehrungen die Hannoveraner dort ertragen, und mit welcher Hingebung und unerschütterlicher Tapferkeit sie ausgeharrt haben, bis zum glorreichen Ende ihrer Anstrengungen und Leiden. —

Hannoversche Truppen in Minorca.

Im Eingange der vorigen Abhandlung ist schon erwähnt, was die Veranlassung gab, daß zwei Hannoversche Bataillons nach Minorca beordert wurden, welche Bataillons dieses Schicksal traf, wer die Officiere waren, die an ihrer Spitze standen und wie ihre Organisation und sonstigen dienstlichen Verhältnisse geregelt waren. Durch Sturm zerstreut, langten die Transportschiffe, welche die beiden Bataillons Prinz Ernst und Goldacker trugen, mit Ausnahme des bei Dünkirchen gescheiterten Briton, in den Tagen vom 30. November bis 5. December glücklich zu Port Mahon auf Minorca an; auch das Detachement unter dem Obristlieutenant von Linsingen lief noch vor Ende des Jahres 1775 auf einem andern Transportschiffe gleichfalls glücklich dort ein. Die Gesundheit der Mannschaft hatte durch die Seereise wenig gelitten, und die beiden Bataillons befanden sich bei der Ausschiffung in sehr diensttüchtigem Zustande. Der Englische Gouverneur, Generallieutenant Murray, nahm sie mit großer Freundlichkeit auf und ließ sie neu erbaute Casernen in George Town, nahe bei Port Mahon, beziehen.

Die Insel Minorca ist bekanntlich die bei Weitem kleinere der beiden Balearischen Inseln. Wenn Majorca auf 66 Quadratmeilen gegen 200,000 Einwohner enthält, so zählt sie auf 12 Quadratmeilen nur deren 45,000. Was ihr aber einen großen Werth verleiht, ist ihr vortrefflicher Hafen, einer der sichersten und geräumigsten, welche das Mittelländische Meer darbietet. Aus diesem Grunde ist der Besitz der Insel für eine große Seemacht von besonderer Wichtigkeit, und noch vor wenigen Jahren hat die Französische Regierung ganz unzweideutig erklärt, daß es ihre Absicht gewesen sei, im Falle eines Seekrieges mit England, sich sofort des Hafens von Mahon zu bemächtigen.

Nachdem Minorca mit den benachbarten Inseln das Schicksal getheilt hatte, nach einander von den Carthaginensern, Römern, Westgothen und Arabern beherrscht zu werden, befand es sich fast ein halbes Jahrtausend im Besitze Spaniens, als es, während des Successionskrieges, im Jahre 1708, von den Engländern, unter dem Admiral Leake und General Stanhope, erobert wurde. Der Friede von Utrecht ließ diese Insel, so wie Gibraltar, der Krone England, welches den Vortheil nicht verkannte, den ihm der herrliche Hafen von Mahon bei seinen Kriegen und Handelsunternehmungen im Mittelländischen Meere darbieten mußte. Jedoch war dieser Besitz nicht ungefährdet, denn, beim Wiederausbruch des Krieges mit Frankreich, landete ein Französisches Heer, unter dem Herzoge von Richelieu, unterstützt durch eine Flotte unter dem Admiral la Galissonière, im Jahre 1756 auf Minorca und belagerte das Fort St. Philipp. Vergebens suchte der Englische Admiral Byng, der 13 Linienschiffe befehligte, den Französischen Admiral, welcher deren nur 12 hatte, zu vertreiben. Nach unentschiedenem Gefechte zog er sich nach Gibraltar zurück, und die Englische Garnison des Forts mußte sich nach tapferer Gegenwehr ergeben. Minorca ging verloren, aber der verletzte Brittische Nationalstolz brachte den Admiral Byng vor ein Kriegsgericht, welches ihn zum Tode verurtheilte, weil er mit überlegenen Kräften eine feindliche Flotte nicht besiegt und überhaupt nicht genug gethan habe, um die Insel zu entsetzen. Byng wurde im Hafen zu Portsmouth am Borde seines eigenen Admiralschiffes erschossen, der Frieden zu Fontainebleau brachte jedoch Großbritannien wieder in den Besitz von Minorca. Erst den Ereignissen des nächsten Seekrieges mit Frankreich und Spanien war es vorbehalten, den Engländern die Herrschaft über diese Insel, wahrscheinlich für immer, zu entreißen.

Es befinden sich auf Minorca verschiedene Städte, von denen die meisten offen und zugänglich und keiner Vertheidigung fähig sind. Vor der Zeit der Englischen Herrschaft war Ciudadella, an der westlichen Küste gelegen, die Hauptstadt; nachher wurde Port Mahon, dessen Lage am Endpuncte des großen Hafens es mehr dazu geeignet finden ließ, der Sitz des Gouvernements. Am Eingange des

Hafens von Mahon, wo derselbe nur 4—500 Schritte Breite zählt, lag die Stadt St. Philipp, dessen Fort den Hafen vertheidigt. Die Engländer brachen 1771 den größten Theil der Stadt ab und erbauten sie auf halbem Wege nach Port Mahon von Neuem, indem sie ihr den Namen George town beilegten.

Die Festung oder das Fort St. Philipp liegt auf einer schmalen Erdzunge am südlichen Eingange des Hafens von Mahon. Sie bestand zur Zeit der Englischen Herrschaft aus einem regelmäßigen bastionirten Viereck, vor allen Fronten mit Ravelins und Contregarden umgeben. Der Graben war trocken, aber sehr tief und in den harten Felsen gehauen, auf welchem die ganze Festung sich erhebt; gedeckte und sehr bequeme Communicationen verbanden die Außenwerke mit dem Hauptwälle. Das Ganze umgab ein gleichfalls in den Felsen gehauenes doppeltes Glacis mit einem äußern bedeckten Wege, welcher durch Lünetten und Redouten in den ausspringenden Winkeln eine besondere Festigkeit erlangt hatte. Zwei detachirte Forts, St. Carlos und Marlborough genannt, wurden von den Kanonen des Hauptwalles flankirt; ein drittes, Namens Philippet, lag auf der nördlichen Landzunge, die den Eingang des Hafens begrenzt, und wurde von den Engländern während der Belagerung zerstört.

Im Innern des bastionirten Quadrats, dessen Polygone nur 3—400 Schritt Länge enthielt, befanden sich einige bombenfeste Magazine und Casernen, und in der

Mitte eine Art Cavalier oder Thurm, welcher die gesammten Werke beherrschte. Nach der Seeseite zu lagen, außerhalb des Hauptwalls, noch einige bombenfeste Gebäude, die zu Vorraths- und Pulver-Magazinen und zu Hospitälern benutzt wurden. Zwei Seiten der Festung wurden vom Meere umgeben, die beiden andern waren, außer den Werken über der Erde, noch durch ein weitläuftiges Minensystem geschützt, dessen Gallerien mit unendlicher Mühe und Kosten in den Felsen gehauen und zur Vertheidigung eingerichtet waren. Der größte Fehler des Forts war die geringe Ausdehnung des Hauptwalls, der innere freie Raum war außerordentlich beschränkt und konnte leicht durch die Mortierbatterien des Angreifers fast ganz impracticabel gemacht werden, es fehlte freilich nicht an Casematten, wohl aber diesen an frischer Luft, und ein gezwungener längerer Aufenthalt in denselben mußte der Gesundheit der Garnison sehr nachtheilig werden.

Nach der unglücklichen Belagerung von 1756 war von Englischer Seite Nichts gespart worden, um das Fort St. Philipp in einen furchtbaren Zustand zu versetzen. So beschränkt die Angriffsfront an und für sich war, so schwierig war ihre Benutzung für den Belagerer, da nur eine dünne Erdschicht den felsigen Boden bedeckte. Die Batterien der Festung beherrschten dieses Terrain mit einem Feuer von mehren Etagen über einander, welches dem Angreifer es sehr schwierig machte, auf irgend einem Puncte ein Übergewicht im Artilleriegefechte zu erlangen. Eben so wenig erlaubte das herrliche Minensystem der Festung und das felsige Terrain, vom unterirdischen Kriege sich Vortheile zu versprechen. Die Festung war mit allen Kriegsbedürfnissen auf das Reichlichste versehen und konnte mit Ruhe einen Angriff erwarten. Welche Ursachen dennoch ihren Fall herbeiführten, wird sich späterhin ergeben.

Die Garnison zählte gegen 3000 Mann und bestand, außer der Hannoverschen Brigade, aus dem 51. und 61. Englischen Infanterie-Regimente, zusammen gegen 1000 Mann stark, aus zwei schwachen Artillerie- und Mineur-Corps, aus einer Abtheilung Marinesoldaten und Matrosen, von gegen 600 Mann; und aus einigen kleineren Detachements von Corsicanern, Griechen und Türken. Dieses buntgewürfelte Corps wurde befehligt von dem Generallieutenant Sir James Murray, als Gouverneur, und dem Generallieutenant Sir William Draper, als Vice-Gouverneur; der Obrist und nachherige Generalmajor von Sydow folgte auf die beiden Obigen in der Anciennetät.

So lange der Friede mit Spanien dauerte, bot das Leben auf der Insel viele Annehmlichkeiten dar. Während eines großen Theils des Jahres findet fast ein beständiger Frühling statt, und die Hitze der Sommermonate, von Mitte Mai bis Mitte September, wird durch die kühlen Seewinde einigermaßen gemildert. Wie gesund das Clima sein muß, geht aus dem geringen Abgange bei den Hannoverschen Bataillons hervor, indem ihr Verlust in den 5 Jahren von Anfang 1776 bis Ende 1780 kaum 60 Mann betrug, was wenig über ½ Procent für ein Jahr ausmachte. Ein günstigeres Resultat würde diesen Truppen schwerlich in ihren heimischen Garnisonen zu Theil geworden sein.

Die Einwohner der Insel waren höchst unwissend, aber der Englischen Herrschaft, welche ihnen mancherlei Vortheile zuwandte und sie in ihren Sitten und Religionsgebräuchen ungefährdet ließ, nicht abgeneigt. Dies änderte sich freilich späterhin, als der Krieg mit Spanien ausgebrochen war, bedeutend, indem alsdann die Sympathie der Minorcaner für ihre Landsleute sich ziemlich unzweideutig zu erkennen gab. Die Schönheit der Frauen wird sehr gerühmt, aber die Eifersucht der Männer legt dem Umgange mit ihnen viele Hindernisse in den Weg. Die Englischen und Hannoverschen Officiere mußten dabei eine große Vorsicht in ihrem Benehmen beobachten, indem einer Frau auch nur öffentlich die Hand zu geben die größte Beschimpfung für den betheiligten Ehemann ist, dessen Dolch solche Beleidigung häufig zu rächen sucht.

An Lebensmitteln war auf der Insel kein Mangel und die Preise derselben nicht hoch. An gutem Wasser fehlte es etwas, da die Brunnen und Quellen häufig im Sommer versiegen und das Cisternenwasser, welches sie ersetzen muß, von keinem angenehmen Geschmacke ist. Im Fort St. Philipp jedoch befanden sich mehre gute und reichliche Brunnen.

Der Dienst war während der Friedensjahre nicht lästig. Eine starke Wache von allen vier Bataillons hielt das Fort besetzt, der übrige Theil der Garnison war theils in den Baracken von George town, theils in denen von Mahon untergebracht. Nach der Spanischen Kriegserklärung im Juni 1779 änderte sich dieses jedoch dahin, daß stets zwei Bataillons das Fort St. Philipp besetzt hielten, während die beiden übrigen in George town und Port Mahon blieben. Der Dienst wurde dadurch um so beschwerlicher, als der Aufenthalt im Fort, bei der so sehr beschränkten inneren Ausdehnung desselben, wenig Annehmlichkeiten darbot.

Das Verhältniß der Hannoverschen Brigade zu dem Gouverneur Murray war in der ersten Zeit nicht immer das Beste. Bei der Unbekanntschaft desselben mit der Deutschen Sprache und der mangelhaften Kenntniß der Englischen bei den meisten Hannoverschen Officieren, bedurfte der Erstere einer Mittelsperson, um seine Befehle in das Deutsche und die erhaltenen Berichte in das Englische übertragen zu lassen. Er wählte dazu einen Officier vom Regimente von Goldacker, scheint aber keine glückliche Wahl getroffen zu haben. Dieser Officier benutzte nämlich das Vertrauen des Generals, um selbstsüchtige Pläne zu verfolgen, und sein Gemüth gegen manche verdienstvolle Männer einzunehmen. Als dem General etwas spät die Augen aufgingen, hatte sein Adjutant es so einzurichten gewußt, daß er die Insel verlassen und in anderweitigen Englischen Dienst übertreten konnte. An die Stelle desselben trat der Lieutenant Bötticher desselben Bataillons, welcher sich des Vertrauens des Generals würdiger bezeigte, und die edle und gefühlvolle Weise, womit der letztere nun trachtete, mehrfach zugefügtes Unrecht wieder gut zu machen, erwarb ihm zuletzt doch die Herzen der Hannoveraner.

Gleich nach Ausbruch des Krieges mit England hatten die Spanier die Augen auf Minorca gerichtet, ohne jedoch damit anfangs ernstliche Pläne zur Eroberung von St. Philipp zu verbinden. Es lag ihnen vielmehr daran sich in Besitz der Insel zu setzen und das Fort, nebst dem Eingange des Hafens von Port Mahon, zu blockiren, um die Zufuhr von dort nach Gibraltar zu hindern. Indessen gingen nach Spanischer Sitte noch zwei Jahre darüber hin, ehe eine Expedition zur Eroberung der Insel ausgerüstet war. Im Juli 1781 ging diese endlich von Cadix unter Segel und landete, nachdem sie durch widrige Winde aufgehalten war, am 19. August so unerwartet auf Minorca, daß der Gouverneur Murray kaum Zeit behielt, die Garnison im Fort Philipp zu vereinigen und doch den Spaniern noch mehre Gefangene in die Hände fielen.

Der Spanische Hof fand sich veranlaßt, in einer etwas schwülstigen Proclamation die Gründe anzugeben, die ihn zur Besitznahme von Minorca veranlaßt hätten. Es hieß darin, daß ganz Europa mit dem äußersten Misvergnügen den Misbrauch bemerkt habe, den England mit dem Besitze von Minorca getrieben, indem diese Insel allen möglichen Uebelthätern zum Zufluchtsorte gedient habe und von dort der Seeräuberei der Corsaren merklicher Vorschub geleistet sei. Aus diesem Grunde habe sich der König von

Spanien entschlossen, die Insel zu nehmen und dem Herzoge von Crillon — einem Französischen General, welchen er in seine Dienste genommen hatte — das Obercommando der Landmacht, und dem Don Buenoventura Moreno dasjenige der Seemacht zu übertragen, welche am 19. August gelandet wären und am 20. schon die ganze Insel, bis auf Fort St. Philipp nach, der Spanischen Botmäßigkeit unterworfen hätten.

Diese Proclamation würde jedoch, wie die meisten Proclamationen, wenig oder Nichts ausgerichtet haben, wenn die Mittel sie in Ausführung zu bringen, gefehlt hätten. Die zunächst gelandeten Truppen bestanden aus eilf Bataillons Infanterie und einigen Abtheilungen Cavallerie und Artillerie der Spanier und zählten nur etwas über 8000 Mann. Nach und nach wurden sie jedoch sowohl durch Spanische, als auch durch Französische Regimenter verstärkt und auch ein bedeutender Park Belagerungsartillerie herangezogen.

Der Gouverneur hatte zwar einige Zeit vor Landung der Spanier alle mit Lebensmitteln befrachtete Schiffe aufbringen lassen, deren er habhaft werden konnte, ohne jedoch seine Vorräthe dadurch sehr zu vermehren. Nachdem indessen Don Buenoventura Moreno vor dem Eingange des Hafens erschienen war, wurde die Blockade so streng durchgeführt, daß kein Schiff mehr hineinlaufen konnte. Es fehlte freilich in der Festung nicht an gesalzenen und getrockneten Provisionen, aber es trat gleich nach Anfang der Blockade ein völliger Mangel an frischen Lebensmitteln ein.

Der Herzog von Crillon hatte inzwischen Fort St. Philipp auch von der Landseite eingeschlossen, nachdem er die Insel dem Könige von Spanien den Huldigungseid schwören lassen. Am 26. August ritt er zur Recognoscirung der Festungswerke vor und forderte darauf den Gouverneur auf, sich zu ergeben, worauf natürlich eine abschlägige Antwort erfolgte. Als der Herzog am 27. August eine abermalige Recognoscirung vornahm, wurde er durch einen Schuß aus der Festung leicht am Kopfe verwundet, welches ihn indessen nicht hinderte, das Commando beizubehalten.

Die ritterliche Art und Weise, womit dieser Krieg zwischen England und Frankreich geführt wurde, spricht sich in der nächstfolgenden Correspondenz aus, welche bei dieser Veranlassung zwischen den beiderseitigen Befehlshabern gewechselt wurde. Der Herzog von Crillon schrieb an den General Murray am 28. August:

„Obgleich Ihre Kanoniere mir gestern beinahe den Kopf „zerschmettert hätten, so werden Ew. Excellenz mich heute „doch eben so geneigt finden, alles Dasjenige zu thun, was „Ihnen und der Englischen Nation angenehm sein kann, so „weit es sich mit meiner Pflicht verträgt.“

Der Gouverneur antwortete darauf am 30. desselben Monats:

„Das Benehmen unserer Artillerieofficiere thut mir „außerordentlich leid, sie versichern auf das Heiligste, nicht „die Absicht gehabt zu haben, auf den Herzog von Crillon „zu zielen, sie haben jedoch Befehl auf einzelne Ingenieurs

„oder Truppentheile zu feuern, welche in ihren Bereich kom„men. Als die Sache stattfand, war ich beim Frühstück, „ich erkannte bald an Ihrer Begleitung und der herbei„laufenden Dienerschaft, daß sie auf Ew. Excellenz gefeuert „haben mußten, und es machte mich sehr unglücklich, nicht „vorher, ehe der Irrthum stattfand, benachrichtigt worden zu „sein, damit ich die Ehre hätte haben können, Ihnen ein „Salut mit losen Pulverpatronen feuern zu lassen. Ich „bemerkte, daß Ew. Excellenz nicht so gut beritten waren, als „Sie hätten wünschen müssen, und ich nehme mir deshalb „die Freiheit, Sie um die Annahme einer Stute zu bitten, „welche ich aus Cairo habe, sie wird Sie hier angenehm „tragen, und späterhin können Sie vortreffliche Füllen von „ihr ziehen, da ich weiß daß sie von bester Egyptischer „Race ist."

Der Herzog von Crillon bedankte sich darauf für das Pferd, verbat sich jedoch jede Schonung für seine Person.

Da es ihm indessen zur Unternehmung der Belagerung noch an schwerem Geschütze fehlte, so begnügte er sich im Laufe des Monats September damit, Linien vor dem Fort zu errichten, hinter denen seine Truppen Deckung fanden, und die rückwärtigen Communicationen ausbessern zu lassen, um den Transport des Belagerungsgeschützes, dessen Ankunft er entgegensah, in das Lager zu erleichtern. Erst am 18. September wurden die Außenposten der Belagerten bis in den bedeckten Weg zurückgetrieben.

Der Gouverneur hatte das der Festung gegenüberliegende Fort Philippet, welches unvollendet war, nicht besetzt, und die Belagerer hatten einen schwachen Posten dort etablirt, in der Absicht, später daselbst eine Batterie zu errichten. Um dieses zu verhindern oder doch zu erschweren, entschloß sich der General Murray, das Fort zu zerstören. Nachdem es eine Zeitlang von St. Philipp aus beschossen war, landete am 1. October eine Abtheilung der Garnison auf kleinen Fahrzeugen, trieb den Posten der Spanier zurück und traf die geeigneten Vorkehrungen zur Zerstörung des Forts Philippet, trotz der Bemühungen der Spanier, sie daran zu verhindern. Am Morgen des 2. wurde dieses Fort in die Luft gesprengt, die Trümmer desselben jedoch späterhin noch von den Belagerern zur Etablirung einer Batterie benutzt. Ein Ausfall der Belagerten nach der Landseite zu, der am 9. October stattfand, blieb ohne Erfolg; dagegen landeten sie am 11. abermals bei Philippet und machten 8 Spanische Officiere nebst 80 Arbeitern, die ohne Bedeckung gewesen zu sein scheinen, zu Gefangenen. Dieser Posten wurde darauf von 1000 Spaniern besetzt und der Bau einer Batterie daselbst allmälig zu Stande gebracht. —

Um diese Zeit fällt ein Versuch des Herzogs von Crillon, den Gouverneur durch das Anerbieten einer großen Geldsumme zu vermögen, ihm das Fort zu überlassen, worauf der General Murray folgende edle Antwort gab:

„Mein Herr!

„Als einer Ihrer braven Vorfahren von dem König „von Spanien den Befehl erhielt, den Grafen von Guise „zu ermorden, so war seine Antwort eine solche, wie Sie „sie Ihrem Fürsten hätten geben sollen, als er Ihnen ge„bot, den Character eines Mannes zu beschimpfen, dessen „Geburt eben so vornehm ist, als Ihre eigene, oder dieje„nige des Grafen. Ich habe von nun an Nichts mehr „mit Ihnen zu theilen, als durch die Waffen.“ —

Noch verschiedene andere Batterien wurden von dem Herzoge auf der Landseite vor der Festung im Laufe des Monats October erbaut und mit dem eingetroffenen schweren Geschütz besetzt. Ein Ausfall der Belagerten, mit 4—500 Mann am 23. October unternommen, konnte diese Arbeiten nicht hindern und wurde durch die Wachsamkeit der Piquets der Belagerer zurückgewiesen. Am 29. traf eine Französische Brigade von vier Regimentern, unter dem Generalmajor von Falkenhayn, im Lager vor St. Philipp ein, und die Belagerungsarmee, welche schon vorher bedeutende Verstärkungen erhalten hatte, wuchs dadurch zu 15000 Mann an, denen ein Park von mehr als 200 Geschützen schweren Calibers beigegeben war. Die Arbeiten vor der Festung wurden nun noch lebhafter, als zuvor betrieben, waren jedoch durch das felsige Terrain mit unendlichen Schwierigkeiten verknüpft.

Erst in der Nacht des 18. November, bei starkem Sturm und Regen, wurde die erste Parallele ohne Verlust von Seiten der Belagerer eröffnet, und den ganzen folgenden Monat hindurch eifrig an der Erbauung fünf großer Batterien, auf 6—700 Schritt vor dem bedeckten Wege, gearbeitet. Ein Ausfall der Belagerten in der Nacht vom 18. auf den 19. December blieb ohne Resultat. Etwas besser glückte ein abermaliger Ausfall, der am 2. Januar 1782 unternommen wurde, und den Spaniern einen nicht unbedeutenden Verlust zuzog, ohne jedoch ihren Batterien zu schaden.

Am 5. Januar wurden die Batterien vor der Festung demaskirt und am 6. wurde die letztere aus 70 Kanonen und 33 Mortieren beschossen und beworfen. So lebhaft auch dieses Feuer von der Festung erwidert wurde, so gelang es doch nicht, die feindlichen Batterien zum Schweigen zu bringen, vielmehr litten einige der vorgeschobenen Werke der Engländer, besonders das Fort Marlborough, bedeutend. In den folgenden Tagen wurde das Feuer von beiden Seiten fortgesetzt und am 15. und 20. Januar gingen zwei Magazine der Belagerten in Flammen auf. Gegen Ende Januar standen schon 109 Kanonen und 35 Mörser gegen die Festung in voller Thätigkeit, ohne jedoch deren Hauptwerken, welche sehr solide construirt waren, großen Schaden zuzufügen.

In der Nacht vom 3. auf den 4. Februar feuerten die Belagerten mit ungewöhnlicher Lebhaftigkeit auf die feindlichen Batterien, und am 4. Morgens nach 9 Uhr sah man plötzlich die weiße Fahne in der Festung aufgesteckt. Zugleich erschien ein Brittischer Officier außerhalb der Werke und verlangte mit dem Herzoge von Crillon zu sprechen. Er übergab demselben ein Schreiben des Gouverneurs, worin dieser, da die Garnison durch Krankheiten und Arbeiten erschöpft wäre, sich erbot, die Festung auf dieselben Bedingungen zu übergeben, wie sie der Herzog von Richelieu 1756 dem Gouverneur Blakeney zugestanden habe, nämlich auf Abzug mit kriegerischen Ehrenbezeugungen, die Mitnahme von 6 Geschützen und den Transport der Garnison auf Spanische Kosten nach England, ohne kriegsgefangen zu sein. Der Herzog schlug dieses Anerbieten ab und nach mehrfachem Verhandeln, kam eine Capitulation zu Stande, deren wesentlichste Bedingungen waren:

„Die Besatzung wird kriegsgefangen; in Rücksicht der „von dem Gouverneur und der unter ihm dienenden Trup„pen bewiesenen Tapferkeit und Standhaftigkeit soll sie je„doch mit klingendem Spiel und fliegenden Fahnen aus„ziehen. Die Garnison wird auf Spanischen Schiffen, „auf Großbrittanische Kosten nach England zurückgebracht, „und behält ihre Effecten. Der Gouverneur geht mit einem „Französischen Passe durch Frankreich nach England zu„rück. Die Corsen und Griechen, welche zur Vertheidigung „der Festung mit gebraucht worden, werden auf Großbrit„tanische Kosten nach Livorno geschafft. Die Besatzung thut „so lange, bis sie ausgewechselt ist, gegen Spanien und „seine Bundesgenossen keine Dienste, und die Officiere re„versiren sich deshalb.“

Dieser Capitulation zufolge ward in der Nacht vom 4. zum 5. Februar 1782 das Fort Marlborough durch zwei Compagnien Spanischer Grenadiere, und die Redoute der Königinn nebst der Lünette Kane durch Französische Grenadiere besetzt. Den 5. Februar ritt der Herzog von Crillon nach der Festung, wo ihn der Generallieutenant Draper empfing, und um 10 Uhr Morgens zog die Besatzung durch zwei Linien Spanischer und Französischer Truppen aus der Festung, und streckte bei George Town das Gewehr. Mit der Einschiffung derselben ward so eifrig zu Werke gegangen, daß am 17. Februar der erste und am 20. Februar der zweite und letzte Transport unter Segel ging, und nur wenige Kranke zurück blieben. Der Obrist Don Buenoventura Caro ward zum Gouverneur der Insel erklärt, und sämmtliche Werke, bis auf das Fort St. Philipp und das Carls-Fort, dem Befehl des Spanischen Hofes gemäß, geschleift.

Bei der großen Dürftigkeit der authentischen Quellen, welche uns zur Bearbeitung der Geschichte der Theilnahme der Hannoverschen Truppen an der Vertheidigung von Fort St. Philipp zu Gebote gestanden haben, hat die vorstehende Relation nur in ganz allgemeinen Zügen gehalten werden können. Ueber die Ursachen der Uebergabe der Festung enthält der officielle Bericht des Gouverneurs an die Englische Regierung nähere Aufklärungen. Es heißt darin unter Anderen:

„Unsere täglich zu gebenden Wachen erforderten 415 „Mann, und in der Nacht vor der geschlossenen Capitu-

„lation belief sich die dienstfähige Mannschaft der Garnison „auf 660 Mann, es fehlte also nicht allein die nöthige „Mannschaft zum Piquet, sondern auch 170 Mann zur „täglichen Ablösung, wie dieses aus den Rapporten ersicht„lich ist.“

Angefügt waren dieser Stelle des Berichts die Rapporte der vier Bataillons-Commandeurs, aus denen ersichtlich war, daß am 1. Februar das 51. Englische Regiment nur 158 Mann, das 61. 177 Mann, das Bataillon von Prinz Ernst 184 Mann und das Bataillon Goldacker 247 Mann dienstfähige Leute noch gezählt, hingegen das erste 86, das zweite 104, das dritte 106 und das vierte 119 Mann zur Wache täglich geben müssen, folglich diesen vier Bataillons überhaupt 64 Mann zur Ablösung der Wache gefehlt, daß von diesen diensthuenden Soldaten vom 1. bis 3. Februar von neuem 106 Mann ins Lazareth gebracht worden, mithin nur 660 Mann zum Dienst übrig gewesen seien.

Es heißt alsdann weiter:

„Der eingewurzeltste Scorbut, welcher jemals, wie ich „glaube, Menschen ergriffen, hatte uns in diese Lage ver„setzt. Die Berichte der Ärzte legen die schreckliche Ver„wüstung, welche derselbe angerichtet, hinlänglich zu Tage, „und beweisen, daß, wenn ich noch drei Tage gewartet „hätte, der Ueberrest der tapfern Garnison aufgeopfert wor„den wäre, indem sie erklärten, daß in den Hospitälern „die erforderlichen Genesungsmittel für die Kranken, näm„lich Kräuter, nicht vorhanden wären, daß von den 660

„noch dienstfähigen Leuten, 560 bereits vom Scorbut an„gegriffen wären und, aller Vermuthung nach, in vier „Tagen gleichfalls in das Hospital gebracht werden „müßten.“

Die hier angezogenen ärztlichen Berichte waren datirt vom 31. Januar und 3. Februar 1782 und unterzeichnet von den sieben vornehmsten Aerzten und Chirurgen der Garnison. Sie enthielten die vollständigste Bestätigung der obigen Angaben und versicherten, daß es nicht in der Macht ihrer Kunst stände, die Krankheit abzuhalten, da der Mangel an Vegetabilien und der Einfluß der schlechten Luft in den Casematten alle ihre Bemühungen vereitelten.

Der Bericht lautet ferner:

„Der ungewöhnliche Diensteifer der Soldaten ging so „weit, daß sie ihre Schwachheit und Krankheit eher ver„schwiegen, als sich ins Lazareth bringen ließen. Viele „sind sogar auf der Wache gestorben, nachdem sie auf Po„sten gestanden, und man ist ihren Zustand nicht eher ge„wahr worden, als bis zur Zeit der Ablösung, und bis „sie die Nummer getroffen, auf die Schildwache zu kom„men. Vielleicht ist niemals ein edlerer und zugleich „traurigerer Auftritt gewesen, als der Auszug der Be„satzung des Forts St. Philipp durch die Spanische „und Französische Armee. Sie bestand aus 600 alten „ausgemergelten Soldaten, 200 Matrosen, 120 Mann „vom Königlichen Artillerie-Corps, 20 Corsen, 25 Grie-

„chen, Türken, Mohren, Juden. Beide Armeen stan„den in zwei doppelten Reihen, welche Fronte gegen „einander machten, durch welche wir ziehen sollten. Sie „betrugen 14,000 Mann, und nahmen die ganze Gegend „von dem Glacis bis George Town ein, wo unsere Ba„taillons das Gewehr streckten, indem sie erklärten, sie „ergäben sich nur Gott allein, und hätten den Trost, daß „ihre Ueberwinder sich mit dem Ruhm, ein Hospital einge„nommen zu haben, nicht groß machen könnten. Dieser „Anblick, welchen das erbärmliche Aussehen unserer Mann„schaft gab, lockte, wie mir versichert worden, bei dem Durch„zug vielen Französischen und Spanischen Soldaten Thrä„nen ab. Der Herzog von Crillon und Baron von Fal„kenhayn versichern, daß diese Nachricht gegründet ist; ich „kann zwar nicht die Gewähr dafür leisten, mir kommt „aber die Sache ganz natürlich vor. Was mich betrifft: „so habe ich bei dieser Gelegenheit nur die einzige Betrüb„niß gehabt, welche mir die traurige Krankheit verursachte, „die uns aufzureiben drohete. Dank sey es Gott, daß heute „meine Besorgniß sich gemindert hat. Die Menschenliebe „des Herzogs von Crillon, dessen Herz durch das Unglück „so vieler tapferer Leute sehr gerührt war, hat meine „Wünsche übertroffen, indem er alles, was zu unserer „Wiederherstellung dienen konnte, liefern ließ.“ u. s. w.

Der Verlust der Besatzung während der Belagerung bestand aus 2 getödteten und 15 verwundeten Officieren und aus 57 getödteten und 149 verwundeten Unterofficieren und Gemeinen. Die Zahl der an Krankheiten Gestorbenen findet sich nicht angegeben, scheint jedoch nicht sehr bedeutend gewesen zu seyn, indem die Erkrankten, nach Erhaltung frischer Lebensmittel und unter dem Einfluß gesunderer Luft, bald wieder genasen. Der Verlust der Hannoveraner insbesondere betrug bei jedem der beiden Bataillons 30—40 Mann, von denen die Meisten Krankheiten erlagen; von dem Officiercorps war Niemand getödtet und nur Einer, der Lieutenant Bötticher, verwundet worden. Detaillirtere Angaben sind nicht aufzufinden gewesen.

Auf diese Weise fiel Fort St. Philipp, nicht durch das Uebergewicht der feindlichen Waffen, sondern durch den Mangel an gesunder diensttüchtiger Mannschaft, welche die Vertheidigung hätte fortsetzen können. Es wurden zwar späterhin gegen den Gouverneur Murray viele Beschuldigungen erhoben, die von dem Generallieutenant Draper unterstützt wurden; sie erwiesen sich jedoch als haltungslos, und die Aussagen der meisten unter ihm gedienten Officiere, unter denen auch mehre Hannoversche Officiere bei der angestellten Untersuchung als Zeugen verhört wurden, bewiesen, daß ihm die erfolgte Uebergabe des Forts nicht zur Schuld angerechnet werden konnte.

Dem Generalmajor von Sydow wurde nach erfolgter Capitulation die Erlaubniß zu Theil, durch Frankreich nach Hannover zurückreisen zu können, wohin er sich von dem Lieutenant Bötticher begleiten ließ. Der Obrist von Linsingen übernahm das Commando der beiden Bataillons und behielt es während der zwei vollen Jahre bei, wo diese Truppen, nach ihrer Landung in England, noch in Plymouth Garnisondienste verrichten mußten. Erst im Juni 1784 kehrten die Minorcanischen Bataillons in ihr Vaterland zurück, wo sie den glänzenden Empfang nicht fanden, der ihren glücklicheren Waffenbrüdern aus Gibraltar einige Monate später zu Theil wurde, aber wo ihrem unverdienten Misgeschicke die gerechte Würdigung nicht versagt ward, und bei dem Einrücken der beiden Bataillons in ihre früheren Quartiere zu Celle und Lüneburg ein herzlicher Willkomm nicht fehlte. Denn tadellos war ihr Benehmen im Ganzen und Einzelnen gewesen, und gerechten Anspruch durften sie darauf machen, den ebenbürtigen Platz in den Reihen eines Heeres zu behaupten, dessen Ehre auch im Unglück nie hatte angetastet werden können.

Zur Bekräftigung dieser Behauptung und zum Schluß dieser Abhandlung fügen wir einige Zeugnisse an, welche dem Benehmen dieser Truppen die gebührende Anerkennung zu Theil werden lassen.

Auszug eines Schreibens des Gouverneurs Sir James Murray an den Feldmarschall von Hardenberg, d. d. 9. März 1781.

. . . . . . „I cannot let this opportunity slip, without „expressing the great satisfaction I have had in ser- „ving with the two Hannoverian Corps, here now up- „wards of five years. I declare I never knew better „soldiers, nor more worthy Gentlemen“ . . . .

Uebersetzung.

.....„Ich kann diese Gelegenheit nicht vorübergehen „lassen, ohne die große Befriedigung auszudrücken, welche „ich im Dienst mit den beiden Hannoverschen Corps em„pfunden habe, die nun über 5 Jahre hier anwesend ge„wesen sind. Ich erkläre, daß ich nie bessere Soldaten „und würdigere Officiere gekannt habe .....“

Ueber den Aufenthalt der beiden Bataillons in England besagt ein Rescript ihres Königlichen Gebieters an den Feldmarschall von Reden d. d. 16. Juli 1784 das Folgende:

„Auch, lieber Getreuer, haben Wir aus eurem unter„thänigsten P. Sto. vom 2. d. M. die dortige glückliche „Ankunft der von hier gegangenen beiden Bataillons des „Regiments Prinz Ernst und von Taube*) mit Vergnügen „ersehen, als welche sich durch ihr Betragen allhier ein „besonderes gutes Zeugniß erworben haben.“ —

---

*) Das Regiment von Goldacker war einige Zeit zuvor erledigt und dem Generalmajor Grafen Taube verliehen worden.

Anlage A.

Namentliche Liste der Officiere,

welche mit in Gibraltar und Minorca gewesen sind. *)

I. Gibraltarsche Brigade.

1stes Bat. 3tes Regt. (von Reden).

Obristl. von Walthausen, . . ertrunken 13. Nov. 1775.
Obrist von Dachenhausen.
Major von Lehsten, ... gestorben in Gibraltar, 1778
" Steinmann.
Tit. Major von Hedemann.
Capitain von Lützow, ... gestorben in Gibraltar, 1782.
" von Uechteritz, . . . in Pension 1782.
" von Drieberg.
" von Schwanewede.
Capt.-Lieut. von der Wense, ertrunken 13. Nov. 1775.
Lieutenant Oldenburg, . . . ertrunken 13. Nov. 1775.
" Flotho.
" Bacmeister, ... ertrunken 13. Nov. 1775.
" von Kessel.
" von Bremen, . . ertrunken 13. Nov. 1775.
" von Löw, ... Capit. u. Oberadjut. d. Inf. 1779.
" Dresen, ... gestorben 1779.
" von Düring, . . in Spanische Gefangenschaft 1779.
" von Uslar.

*) Diese Liste ist hinsichtlich der jüngern Officiere nicht ganz vollständig.

Fähndrich Dörrien, ... ertrunken 13. Nov. 1775
" Adjut. Scheidemann, Oberadjut. des Gouverneurs 1779.
" Brückmann.
" Grahn.
" Weinschenk.
" Bodecker.
" Rathleff, ... abgegangen Dec. 1777.
Tit. Capt. R.-Q.-M. Wiedeburg, zum Compagniechef beförd. 1777.
Pastor Erdmann.
Regts.-Feldscheer Suffert, . . . ertrunken 13. Nov. 1775.
" " Mathaei.

1stes Bat. 5tes Regt. (de la Motte).

Gen.-Lieut. de la Motte.
Obrist von Schlepegrell.
Major von dem Bussche, . . . in Pension 1778.
Tit. Major Purgold.
Capitain von Hugo.
" Schirges.
" Roth.
" Rauchhaupt.
" Benton.
Lieutenant von Bothmer.
" Schepperus.
" v. Schäffer.
" von der Wense, . . Oberadjut. des Gen. de la Motte.
" Jacob, ... gestorben 1783.
" von Behr sen.
" von Behr jun.
" von Belleville.
Fähndrich von der Decken.
" Adjut. Pollitz.
" Heimbruch.
" von Marschalck.

Fähndrich de la Porte.
" de Vaux.
Regts.-Q.-Mstr. Gehrig, . . gestorben 1782.
Auditeur Wahrendorf.
Regts.-Feldscheer Ketler, . . . gestorben 1782.
" " Fritsch.

1stes Bat. 6tes Regt. (Hardenberg oder Sydow).

Obrist von dem Bussche, . . . in das Land zurückgekehrt 1776.
" von Hugo.
Major von Issendorf.
" de Tessier.
Capitain von Steuber, ... gestorben 1780.
" Blume.
" Mühlenfeld.
" Leonhardt.
" Lüders, ... Brigademajor. Abgegangen 1783.
Lieutenant Schanzen.
" Bode.
" von Klencke.
" Blankhardt.
" von Bülow.
" Osterkamp.
Fähndrich Schäfer.
" von Bobart, . . . ertrunken in der Bai von Gibraltar 1784.
" von Berger.
" von Sternfeld.
" Adjut. Friedrichs, . . abgegangen 1781.
Regts.-Q.-Mstr. Müller.
Pastor Stamke.
Auditeur Friedrichs.
Regts.-Feldscheer Kutterhof.

II. Minorcanische Brigade.

2tes Bat. 8tes Regt. (Prinz Ernst).

Obrist von Linsingen.
Major von Minnigerode, . . gestorben in Minorca 1776.
" von Gruben.
" von Meltzing.
Capitain von Plato, ... gestorben in Minorca 1778.
" von Wettern.
" von Hammerstein, in Pension 1782.
" Köhler.
" von Westernhagen.
" von Schele.
Lieutenant von Klencke.
" Appuhn.
" Wiehe.
" von Linsingen.
" von Anderten.
" von Reden.
" von Berger.
Fähndrich le Bachellé, ... gestorben 1779.
" Adjut. Cleve.
" von Ulmenstein.
" Hotze.
Regts.-Q.-Mstr. Jordan.
Pastor Lindemann.
Auditeur Brauns.
Regts.-Feldscheer Grimsehl.

2tes Bat. 11tes Reg. (von Goldacker).

Gen.-Maj. von Sydow.
Obristl. von Hager.
Tit. Major von Becker, . . . in Pension 1782.

Capitain Niemeyer.
" von Löseke, ... abgegangen 1783.
" Wedekind.
" Schultze.
" von Cronhelm.
Lieutenant Sasse.
" von Hartwig.
" von Diemar, . . . Oberadjut. des Gouverneurs. In Englische Dienste getreten 1778.
" Bötticher, ... Oberadjut. des Gouverneurs 1778.
" von Plato.
" Steinmann.
" von Cronhelm.
Fähndrich Melchior.
" von Linsingen.
" de Witte, ... abgegangen 1783.
" Rosenkranz.
" Kümmel.
" Wedekind.
" von Bennigsen.
" Adjut. Schrader.
Regts.-Q.-Mstr. Wiegmann.
Pastor Grütter.
Auditeur Koeppe.
Regts.-Feldscheer Babille.

Anlage B.

Aus dem Englischen übersetzt.

Präliminar-Artikel,

betreffend ein Corps von fünf Bataillons, welches dazu bestimmt ist, die Besatzungen von Gibraltar und Minorca zu completiren.

1. Diese 5 Bataillons sollen nur in Europa dienen und nicht außerhalb dieses Welttheils verwandt werden.

2. Sie sollen in jeder Beziehung, was Quartiere, Sold, Verpflegung, ärztliche Behandlung 2c. betrifft, auf demselben Fuße, wie Seiner Majestät Englische Truppen gehalten werden, und zwar vom Tage ihrer Einschiffung an bis zu dem ihrer Wiederausschiffung, bei ihrer Rückkehr in die Heimath.

3. Sie sollen, ihrer Stärke angemessen, zu denselben Dienstleistungen verwandt werden, wie Seiner Majestät Englische Truppen; die Officiere sollen das Commando führen nach ihrer Anciennetät im Dienste.

4. Sie sollen ihre eigenen Prediger erhalten und ihnen die freie Religionsübung, nach dem Ritus der Deutsch-Protestantischen Kirche, verstattet sein.

5. In Fällen von Vergehen und Verbrechen sollen ihr militairisches Criminalrecht und ihre Kriegsartikel zur einzigen Richtschnur dienen, wonach sie gerichtet und verurtheilt werden können. Es wird den Officieren zur strengsten Pflicht gemacht, darauf zu sehen, daß diese Gesetze getreulich beobachtet und in Ausführung gebracht werden.

6. Da Seine Majestät nicht Willens ist, daß Seine Churfürstlichen Cassen den mindesten Vortheil von der Ueber-

lassung dieses Corps in den Englischen Dienst ziehen sollen: so ist auch auf der andern Seite festgesetzt, daß die Englische Krone alle Ausgaben jeder Art übernehmen solle, welche aus der Unterhaltung dieser 5 Bataillons, während sie sich im Dienste dieser Krone befinden, erwachsen; besonders hat sie nicht nur die Ausgaben der Recrutirung zu tragen, sondern auch diejenigen der Ergänzung Seiner Majestät Churfürstlicher Truppen, um die durch den Ausfall dieser 5 Bataillons verursachte Minderzahl zu ersetzen.

London, den 12. August 1775.

Alvensleben.

Hannoversche Truppen in Ostindien.

In dem schweren Kriege, welchen England mit seinen Nordamericanischen Colonien, dann mit Frankreich, Spanien und Holland zu führen hatte, war seine Macht kaum im Stande, allen seinen Feinden zugleich die Spitze zu bieten. Zu viele Puncte mußten gedeckt werden und zu gering war die Truppenzahl, über welche es verfügen konnte. Wie Minorca verloren ging, wie Gibraltar nur nach langen Pausen ab und an entsetzt und vor Aushungerung geschützt werden konnte, haben wir oben gesehen. Auch in Ostindien wüthete der Krieg, und die Englische Compagnie, deren Macht und überwiegender Einfluß erst wenige Jahre zuvor durch Clive und Warren Hastings die ersten Grundlagen erhalten hatten, fand sich in einen Kampf um die Oberherrschaft verwickelt, wie sie ihn weder früher noch später erlebt hat. Nicht allein gegen die Franzosen, deren Streitkräfte zu Land und zur See von dem Marquis Bussy und dem berühmten Seehelden Admiral Bailli de Suffrein befehligt wurden, auch gegen einen Bund Indischer Staaten, unter denen die Maratten und vor Allen der gefürchtete Hyder Aly, Sultan von Mysore, ihre gefährlichsten Gegner waren, mußte sie den heißen Kampf bestehen. In England fiel es schwer, Soldaten zu werben, da der Bedarf an solchen zu groß geworden war. Schon waren Hessische und Braunschweigische Truppen in Sold genommen worden, ohne das Unglück verhindern zu können, welches die Brittischen Waffen in Nordamerica verfolgte; 5 Bataillons Churhannoverscher Truppen verstärkten die Besatzungen von Minorca und Gibraltar. In ihrer Noth wandte sich daher die Ostindische Compagnie an König Georg III. und bat um die Erlaubniß, 2 Regimenter seiner Deutschen Infanterie in Sold nehmen zu dürfen.

Der König, der mit ganzer Seele an seinen Deutschen Erblanden hing und dem der Eigennutz völlig fremd war, welchem mehre kleine Deutsche Fürsten damals leider sich ergaben, trug Bedenken, eine Anzahl Landeskinder den Gefahren der weiten Seereise und den mörderischen Wirkungen eines tropischen Climas für eine ihnen völlig fremde Sache auszusetzen. Indessen verkannte er das dringende Bedürfniß der Compagnie, deren Interesse so sehr mit dem seiner Krone zusammenhing, nicht, und traf daher einen Ausweg, welcher die Compagnie befriedigte und seinen landesväterlichen Gesinnungen eben so sehr entsprach, als er den damals herrschenden Ansichten gemäß war. In den letztverflossenen Jahrhunderten wurden hauptsächlich Deutschland und die Schweiz, wie der große Markt angesehen, wo man Menschen am billigsten kaufen konnte, welche bereit waren, sich für jede Sache zu schlagen, für welche sie bezahlt wurden. Frankreich hielt seine Schweizergarden, Deutsche und Irländische Regimenter, Holland besoldete Deutsche und Schottische Regimenter, Spanien Wallonengarden, mehre Italiänische Staaten unterhalten Schweizertruppen bis auf diese Stunde. Die meisten Deutschen Armeen mußten vorschriftsmäßig aus einer Anzahl Ausländer bestehen, welche größtentheils im Reiche, d. h. in den geistlichen Staaten und den freien Reichsstädten angeworben wurden.

Der König entschloß sich daher, ein Corps Truppen in Deutschland anwerben zu lassen, welches, mit Einschluß der Officiere und Unterofficiere, ganz aus Freiwilligen bestehen, und für den Dienst der Ostindischen Compagnie bestimmt sein sollte. Ein Rescript vom 1. Juni 1781 an die Geheimen Räthe und an den Feldmarschall von Hardenberg zu Hannover, enthielt die Königlichen Befehle in dieser Angelegenheit. Es sollten im Namen des Königs und Churfürsten 2 neue Bataillons, jedes von 1000 Mann, für den Dienst der Compagnie geworben werden, diese Bataillons sollten unter dem Namen des 15. und 16. Regiments einen integrirenden Theil der Hannoverschen Infanterie ausmachen, die Officiere und Unterofficiere und ein kleiner Stamm der Gemeinen sollten aus Freiwilligen der Armee bestehen, der übrige Theil im Lande und in den angrenzenden freien Städten und geistlichen Ländern angeworben, jedoch so viel als möglich nur Ausländer angenommen werden. Zugleich wurde in diesem Rescript auf die Convention verwiesen, welche durch den Geheimen Rath von Alvensleben und den General-Lieutenant und General-Adjutant von Freytag mit der Direction der Ostindischen Compagnie über die Formirung, Unterhaltung und die sonstigen Verhältnisse des obigen Truppencorps schon vorläufig verabredet war, jedoch erst am 7. September desselben Jahres zum völligen Abschluß kam.

Diese Convention, welche in der Anlage A. mitgetheilt ist, enthielt nach den Eingangsworten, in denen die Beglaubigung der beiderseitigen Bevollmächtigten ausgesprochen und die allgemeinen Grundsätze festgestellt waren, unter welchen die Ostindische Compagnie das Hannoversche Corps übernehmen sollte, verschiedene General- und Special-Artikel, welche bei der Ausführung jedoch theilweise geringe Modificationen erlitten. Es sollte danach ein Regiment zu 2 Bataillons, jedes in 10 Compagnien formirt und mit Einschluß des gesammten Stabes 1037 Köpfe stark, angeworben und in jeder Hinsicht ganz den Königlich Englischen Truppen in Ostindien gleich gesetzt werden. Alle wirklichen Unkosten der Werbung, des Transports und der Unterhaltung sollten von der Compagnie getragen werden, aber auch nicht mehr, da, wie der 5. General-Artikel besagte, Seine Königliche Majestät nicht die Absicht hätten, bei Ueberlassung des Regiments zum Dienste der Compagnie im Mindesten zu profitiren. Unter den 10 Compagnien sollten sich eine Grenadier- und eine leichte Compagnie befinden, die übrigen 8 aber Füselier-Compagnien heißen. Das Officier-Corps sollte per Bataillon aus 2 Stabsofficieren, 8 wirklichen und 1 Titulair-Capitain, aus 20 Lieutenants, worunter 1 erster Adjutant, und 11 Fähndrichen, worunter 1 zweiter Adjutant, also im Ganzen aus 42 Combattanten bestehen; hiezu kamen noch per Bataillon 1 Regiments-Quartiermeister, der in dem Normal-Etat nicht mit aufgeführt ist, 1 Feldprediger, 1 Auditeur und 1 Regiments-Chirurgus, alle mit Officiers-Rang. Das ganze Officier-Corps beider Bataillons bestand danach mit Einschluß dieser Nichtcombattanten aus 92 Personen. Jedem Bataillone sollten aus den Vorräthen in Indien zwei drei- oder sechspfündige Kanonen geliefert werden, und 3 Unterofficiere und 12 Kanoniere befanden sich auf dem Etat zur Bedienung dieser Artilleriestücke. Unter den übrigen Artikeln sind besonders diejenigen wichtig, welche die Versorgung der im Dienste invalide Gewordenen betrifft. Invaliden Officieren wurde auf Kosten der Compagnie freie Rückfahrt bedungen und bei ihrer Ankunft in England eine Gratification von einem Jahresgehalte versprochen, zu einer lebenslänglichen Pension sollten sie aber nur berechtigt sein, wenn sie durch Wunden invalide geworden wären und wenn sie beschwören könnten, nicht im Besitze eines gewissen Vermögens zu sein, welches je nach den bekleideten Chargen verschieden festgestellt war und vom Fähndrich bis zum Obristlieutenant zwischen 750 und 3000 Pfund Sterling lag.

Vergebens hatte man sich Hannoverscher Seits bemüht, diese dem Officier-Corps so wenig vortheilhaften Beschränkungen aus der Convention zu entfernen, sie rührten von allgemeinen, vom Lord Clive getroffenen Bestimmungen her, und lagen darin begründet, daß bei der großen Anzahl derjenigen, welche ihre Gesundheit in Indien zusetzten, das Budget der Compagnie übermäßig beschwert worden wäre, wenn sie allen diesen Personen hätte lebenslängliche Pension zahlen wollen, und daß der Dienst in Ostindien vielen und zumal den höheren Officieren so häufige Gelegenheit darbot, sich Vermögen zu erwerben, daß die Compagnie in solchen Fällen sich nicht für verpflichtet hielt, für die Zukunft dieser Officiere besondere Sorgfalt zu tragen.

Günstiger waren die Bestimmungen der Convention für die invaliden Unterofficiere und Gemeine, denen gleichfalls freie Rückfahrt, die Auszahlung eines viermonatlichen Soldes als Gratification und eine lebenslängliche Pension von täglich 4 Pence 3 Farthings, etwa 3 Gutegroschen, zugestanden wurden.

Nach Eingang des obigen Königlichen Befehls wurde in Hannover mit großem Eifer die Anwerbung und Ausrüstung der beiden neuen Bataillons betrieben. Der Generalmajor v. d. Bussche, Inspecteur der Infanterie und Chef des 7. zu Hameln in Garnison liegenden Regiments, und der Geheime Kriegsrath von Münchhausen waren zu Königliche Commissarien in dieser Angelegenheit ernannt worden; Hameln wurde den neuen Regimentern als Sammelplatz angewiesen. Die Officiere und Unterofficiere der Armee, mit Ausnahme der Artillerie, wurden aufgefordert, sich zu dem Dienst in Ostindien zu melden, auch stand einigen Gemeinen der im Lande befindlichen Regimenter der Eintritt frei, wenn sie Ausländer waren. Die übrige Mannschaft wurde durch Werbung ergänzt. Obgleich vorgeschrieben war, so viel als möglich nur Ausländer zu Recruten anzunehmen, so wurde bei der Eile, womit die Werbung geschah, dieser Befehl nicht sehr strenge genommen, und es fanden sich nachher viele Einländer, wenn auch den Ausländern an Zahl nachstehend, unter den Gemeinen beider Regimenter. Es wurde übrigens mit Strenge darauf gehalten, daß nur Leute von gesundem, starkem Körperbau, die nicht unter 5 Fuß 6½ Zoll maßen, und zwischen dem 16. und 40. Lebensjahre sich befanden, angenommen wurden. Die Capitulationszeit war auf 8 Jahre festgesetzt, von denen 7 für den Dienst in Ostindien und 1 für die Hin- und Herreise gerechnet wurden.

Die Officiere und Unterofficiere fanden sich bald vollzählig, besonders hatten sich so viele freiwillige Officiere gemeldet, daß ein großer Theil abgewiesen werden mußte. Der Obristlieutenant Reinbold vom 12. Infanterie-Regimente, von Linsingen, wurde Chef des 15. Regiments und ihm zugleich das Obercommando über beide Regimenter anvertraut; der Major von Wangenheim, vom 9. Regimente, Königinn leichte Dragoner, wurde mit dem Obristlieutenants-Range zum Chef des 16. Regiments befördert. Zu Majors, Capitains und Lieutenants wurden Officiere der Armee ernannt, welche fast sämmtlich dadurch um einen Grad avancirten; die Fähndrichs bestanden aus Cadetten, oder auf Avancement dienenden Unterofficieren der Armee.

Aus diesem Officier-Corps sind 9 Generale der Hannoverschen Armee und ihres Pensionsstandes hervorgegangen, von denen Ein würdiger Veteran*) noch in unserer Mitte lebt, drei andere haben die Meisten von uns noch in frischer Thätigkeit gekannt, es sind die Generale von Hinüber, Best und Martin, noch drei unter ihnen, die Generale von Honstedt, Du Plat und von Arentschildt, dienten während der letzten Kriege England und Rußland gegen den Erbfeind ihres Landes, und beschlossen ihr Leben als Hannoversche Pensionair-Generale; die beiden letzten waren zwei Generale von Wangenheim, von denen der eine sich bald nach seiner Zurückkunft von Indien, mit dem Titel eines Generals, aus dem Dienste zurückzog, während der andere, aufgerieben durch die Strapazen des Felddienstes, in Tournay sein rühmliches Leben beschloß, nachdem er wenige Tage vorher in dem Treffen bei Mouscron**) ein Hannoversches Corps befehligt hatte. Auch mehre der ausgezeichnetsten Stabsofficiere der Althannoverschen Armee und der Englisch-Deutschen Legion haben den Ostindischen Regimentern angehört; unter Vielen mögen hier ihren Platz finden, zwei Obristlieutenants Offeney, Vater und Sohn, von denen der Erste bei Hondschooten blieb, der Sohn aber in Portugal starb, ferner der Obrist und Brigade-Commandeur Klingsöhr und der Obristlieutenant Leonhart, welche beide in Spanien Krankheiten zum Opfer fielen, nachdem sie auf vielen Schlachtfeldern dem Tode getrotzt

---

*) Der Generallieutenant Müller, Commandant in Celle.

**) Am 26. April 1794.

hatten. Von 170 Officieren*), welche nach und nach im Laufe von 10 Jahren durch die Reihen der beiden Regimenter gingen, sahen 69 nie ihr Vaterland wieder. Die Meisten erlagen den Krankheiten eines fremden Himmelstriches, Einige blieben vor dem Feinde, oder legten im Wahnsinne oder in frevelnder Verzweifelung Hand an sich selbst. Noch viele Andere kehrten mit zerrütteter Gesundheit zurück und schleppten noch einige Jahre in der Heimath ein kümmerliches Dasein fort.

Das Corps der Unterofficiere bestand größtentheils aus tüchtigen Subjecten der Hannoverschen Regimenter, die mit Vortheil in den neuen Regimentern angestellt wurden, aber die Masse der Gemeinen war wunderbar genug zusammengesetzt. „Man kann sich denken,“ heißt es in den hinterlassenen schriftlichen Notizen eines Theilnehmers der Expedition**), „welch' ein Zusammenlauf von allen Men„schengattungen hier zusammentraf! Handwerker, Deser„teure, Künstler, Kaufleute, Beamte, Geistliche, Mönche, „Juden — kurz Jeder, dem es in seinem Stande nicht „glücken wollte, fand beim Anwerben der nach Ostindien „bestimmten Truppen ein neues Asyl, Vergessenheit seiner „Leiden oder Verbrechen, Brot, Geld und Kleidung. Man„cher, der in den höhern Ständen die beste Bildung und „Erziehung genossen, war durch Unglücksfälle, oder durch „eigene Schuld in die Lage versetzt, dem Kalbsfelle zu

*) Siehe das Verzeichniß derselben in der Anlage B.

**) Des verstorbenen Generals Best.

„folgen. So hatten wir z. B. einige abgesetzte Beamte „und Prediger, verdorbene Candidaten und Advocaten, „Assessoren und Officiere, Handwerker von mancherlei Ge- „werben und Künstler, welche hier mit dem Gewehr auf der „Schulter und unter dem Corporalstocke zu Soldaten ge- „bildet wurden.“ Daß jedoch diesen schlechten Subjecten wenigstens die persönliche Bravour nicht abging, und daß, außer ihnen, sich noch ein Stamm tüchtiger, zuverlässiger Leute in den beiden Regimentern befand, deren Geist und Gesinnung das Ganze aufrecht erhielt, wird aus der spätern Geschichtserzählung hervorgehen.

Nur die strengste Disciplin konnte Ordnung in einem zum Theil aus so verdorbenen Elementen bestehenden Haufen erhalten, und fast täglich mußten in der ersten Zeit Prügel-Executionen gehalten werden. Und doch war nach Ablauf von drei Monaten, gegen Ende September, das 15. Regiment so weit formirt, bekleidet, bewaffnet und exercirt, daß es in 3 Divisionen seinen Marsch nach Stade antreten konnte, wohin die Ostindische Compagnie Fahrzeuge zum Einschiffen sandte. Gegen Mitte October wurde das Regiment auf 4 Transportschiffen eingeschifft, welche jedoch für die Masse der Mannschaft viel zu klein waren, so daß die Leute darin wie die Heringe auf einander lagen. Trotz dem ging man unter Segel, hatte jedoch beim Auslaufen aus der Elbe einen so heftigen Sturm zu bestehen, daß nur drei Transportschiffe, unter dem Geleite der Fregatte la belle Poule, welche erst vor Kurzem den Franzosen abgenommen war, ihren Lauf nach England fortsetzen konnten, während das vierte, die Polly genannt, mit 11 Officieren und 234 Mann besetzt, nach einigen Tagen Umhertreibens in der See, wieder zurückging und vor Ritzebüttel Anker warf. Der Schiffscapitain wollte es nicht wagen, allein wieder auszulaufen und sich der Gefahr auszusetzen, von den Holländern oder Franzosen genommen zu werden, und blieb bis Anfang December ruhig vor Ritzebüttel liegen, während welcher Zeit die Mannschaft auf dem Schiffe verblieb und sich in der traurigsten Lage befand. Es fehlte ihr an Raum, an Kleidung und Decken, um sich gegen die strenge, früh eingetretene Kälte zu schützen, die Kost war erbärmlich, kurz Alles vereinigte sich, um diese rohen, schwer zu bändigenden Gemüther zur Verzweiflung zu bringen. Dazu kam, daß das Schiff im Hafen fest fror, so daß man bei der Ebbe, mit Hülfe des Eises, trockenen Fußes Ritzebüttel erreichen konnte. Der Capitain, welcher die embarkirte Mannschaft befehligte, zeigte eben so wenig Energie, als Fürsorge für die Leute, die er ihrem Schicksale überließ, ohne einmal Meldung von ihrer traurigen Lage zu machen, während er sich meist in Ritzebüttel aufhielt. Am 11. December brach das lange unter der Asche glimmende Feuer der Unzufriedenheit endlich in helle Flammen aus. Ein Tambour schlug Generalmarsch auf dem Verdecke, worauf sich die Mannschaft in marschfertigem Anzuge versammelte und erklärte, nicht länger auf dem Schiffe bleiben zu wollen. Es gelang den Bemühungen der Officiere und Unterofficiere, einen Theil der Leute zurückzuhalten, während der größere Theil, unter Anführung eines Corporals, welcher aus Oesterreichischen Diensten desertirt war, das Schiff verließ und sich zum Theil eigenmächtig in Ritzebüttel einquartierte, zum andern Theile aber völlig desertirte. Die Deserteurs, 37 an der Zahl, wurden jedoch fast sämmtlich von der auf dem Lande vertheilten Cavallerie wieder eingebracht und mit Einschluß der beiden Rädelsführer, des genannten Corporals und des Tambours, welcher eigenmächtig Generalmarsch geschlagen, nach Stade ins Gefängniß geführt. Die treu gebliebene Mannschaft wurde darauf aus dem Schiffe gezogen, mit der in Ritzebüttel einquartierten vereinigt und erst nach Otterndorf, dann nach Stade verlegt, wo ein Kriegsrecht über diesen Vorfall gehalten, und über 29 Theilnehmer des Aufstandes und der Desertion mehr oder minder schwere Strafen erkannt wurden.

Wegen des vielen Eises auf der Elbe und der See konnte vor Eintritt der milderen Jahreszeit keine neue Einschiffung stattfinden. Inzwischen war auch die Formation des 16. Regiments beendigt und dasselbe gleichfalls in Stade eingetroffen. Im März 1782 wurde der Rest des 15. und im Anfang Juni das ganze 16. Regiment nach England embarkirt, wo sie bis zum Anfange September verweilen mußten. Am 11. September segelten sie mit der großen Flotte des Lords Howe, welcher Gibraltar entsetzen sollte, wieder ab, trennten sich jedoch von dieser Flotte auf der Höhe von Portugal und setzten unter Bedeckung eines Kriegsschiffes die weitere Seereise nach Ostindien fort.

Die drei ersten Divisionen des 15. Regiments hatten einen Theil des Winters in England zugebracht und waren im Februar weiter nach Ostindien unter Segel gegangen. Auch diese Abtheilungen hatten auf der Fahrt nach England keinen genügenden Raum auf den Schiffen gefunden, und da wegen des herrschenden Sturmes die Schiffsluken geschlossen werden mußten, so hatten die durch Entziehung der frischen Luft und durch die Ausdünstungen so vieler Menschen erzeugten Miasmen sehr nachtheilig auf die Gesundheit der Mannschaft gewirkt. Krankheiten waren eingerissen und im Anfang Februar waren schon 95 Todesfälle eingetreten, worunter 2 Officiere und 2 Compagniefeldscheere; außerdem mußten 230 Kranke, denen einige Gesunde zur Pflege beigegeben waren, im Hospitale zu Portsmouth zurückgelassen werden. Mit dem größten Theile dieser Mannschaft, aus 7 Officieren und 176 Unterofficieren und Gemeinen bestehend, folgte am 5. Juni der Capitain von Plato auf dem Schiffe Brillant, der Ostindischen Compagnie gehörig, dem Regimente nach; der andere Theil, so weit er mit dem Leben davon kam, schloß sich später an das zuletzt eingetroffene Detachement des 15. Regiments an.

Die Ostindische Compagnie war wohl zu der Ueberzeugung gekommen, daß ihre Nachlässigkeit oder ihr Geiz ihr selbst den größten Schaden zufügte; es finden sich daher auch später keine Klagen über mangelhafte Einrichtung der Transportschiffe, weder bei der Ueberfahrt des 16. Regiments nach England, noch bei dem Traject beider Regimenter nach Ostindien. Aber das alte Seeunglück, welches die Hannoverschen Truppen bis zu den neuesten Zeiten verfolgt hat, sollte sich auch bei den Ostindischen Regimentern bewähren. Neptun forderte seine Opfer, wie er sie bei dem Transport der 3 Bataillone nach Gibraltar gefordert hatte, wie er späterhin ganze Hekatomben der tapfern Englisch-Deutschen Legion verschlang. Dem Schiffe Brillant galt jetzt vorzugsweise sein Zorn; es scheiterte an der Insel San Juanna oder Hinzuan, ein Eiland der Comorischen Gruppe, im nördlichen Theile des Canals von Mozambique gelegen. Die Officiere und ein großer Theil der Mannschaft wurden freilich gerettet und von dem eingeborenen Sultan der Insel gut aufgenommen; aber das ungewohnte Clima und mannichfache Entbehrungen rafften Viele dahin, unter welchen sich der Capitain von Plato und noch 2 Officiere befanden; den Ueberlebenden gelang es endlich, ein kleines Fahrzeug zu erhalten, mit welchem sie sich nach Bombay einschifften. Aber neue Leiden harrten ihrer. Ihr Schiff bekam einen Leck, so daß es zu sinken drohte, und wurde durch Sturm erst nach der Insel Socotora, im Eingange des Arabischen Meerbusens, dann nach dem Hafen von Gogo, in dem Meerbusen von Cambay, verschlagen. Die Mannschaft litt außerdem längere Zeit furchtbar wegen Mangels an süßem Wasser, so daß sie nicht kochen konnte und ihren Durst im Meerwasser zu stillen suchen mußte. Diesem gehäuften Ungemache erlagen noch ein Officier und mehre Leute, und nur 3 Officiere und 44 Unterofficiere und Gemeine stießen Ende 1783 und Anfang 1784 zu einem Detachement beider Regimenter, welches unter dem Major von Kruse zu Tellichery an der Küste von Malabar stationirt war. Also abermals ein Verlust von 4 Officieren und 132 Mann, ehe einmal der Ort der Bestimmung erreicht war!

Die Seereise der andern Abtheilungen beider Regimenter war indeß ziemlich glücklich von statten gegangen. Am 11. September 1782 langte das erste Transportschiff des 15. Regiments in Madras an, nachdem es unterwegs einem Seegefechte zwischen der Englischen Flotte, unter dem Admiral Hughes, gegen die Französische, unter dem Admiral Suffrein, beigewohnt hatte. Bald folgten die andern Schiffe des ersten Transports nach und die Mannschaft wurde debarkirt, welches wegen der starken Brandung vor der offenen Rhede von Madras mit vielen Schwierigkeiten verknüpft ist. Die Hannoverschen Truppen wurden von dem Gouverneur, Lord Macartney, mit großer Freundlichkeit aufgenommen und in den Baracken des Forts St. George einquartiert. Im Januar und Februar standen sie in Lagern in der Nähe der Stadt, befanden sich aber wieder in Madras, als im April 1783 der Rest des 15. und das ganze 16. Regiment, unter dem Obristlieutenant von Wangenheim, nach einer im Ganzen glücklichen Fahrt von 6 Monaten, gleichfalls dort eintrafen. Schon glaubte man alle Gefahren der Seereise überstanden, als am 16. April durch einen unglücklichen Zufall das Transportschiff, the duke of Athol, in die Luft flog, wobei 1 Sergeant und 5 Mann des 16. Regiments um das Leben kamen; der

Lieutenant Suersen, der sich gleichfalls noch auf dem Schiffe befand, wurde wunderbar gerettet.

Die beiden Regimenter waren nun, mit Ausnahme des Detachements unter dem Capitain Plato und zweier Compagnien des 15. Regiments, die sich bei der activen Armee unter dem General Stuart befanden, in Madras vereinigt. Sie trafen die Ostindische Compagnie noch in schwierige Händel verwickelt, an welchen sie bald einen ehrenvollen Antheil nehmen sollten. Zwar hatten die Engländer mit den Marattenfürsten Frieden geschlossen, aber der Kampf mit den Franzosen und mit Tippo Saib, dessen Vater Hyder Aly, Sultan von Mysore, vor Kurzem gestorben war, dauerte fort. Die Französische Hauptstadt Pondichery war genommen und ihre Festungswerke geschleift worden, der Marquis von Bußy hatte sich dagegen der Festung Cuddalore, in der Nähe von Pondichery, bemächtigt und seine Kräfte dort concentrirt. Der tapfere Admiral Suffrein hielt der Englischen Seemacht, unter Sir Edward Hughes, die Waage, und 4 Seegefechte, die zwischen ihnen stattgefunden hatten, gereichten beiden Theilen zur Ehre, ohne etwas zu entscheiden. Die Englische Armee, unter dem General Stuart, stand vor dem verschanzten Lager, welches die Franzosen bei Cuddalore besetzt hatten; es fehlte ihr aber an einer genügenden Anzahl Europäischer Truppen, um dieses Lager angreifen zu können. Kaum hatten daher die Hannoveraner sich von ihrer langen Seereise erholt und einigermaßen zum Felddienst equipirt, als 6 Compagnien beider Regimenter unter dem Obristlieutenant von

Wangenheim, wieder eingeschifft wurden, um zu der Englischen Armee zu stoßen. Am 8. Juni trafen sie in dem Lager des Generals Stuart ein, der über ihre Ankunft sehr erfreut war und ihnen bald Gelegenheit zu geben versprach, sich auszuzeichnen. Das Hannoversche Detachement vereinigte sich mit den schon dort befindlichen beiden Compagnien des 15. Regiments, unter dem Major Varenius, und zählte nun, in 8 Compagnien, 43 Officiere, und gegen 800 Unterofficiere und Gemeine.

Die Englische Armee in Ostindien bestand damals, so wie bekanntlich noch jetzt, aus eingeborenen Truppen, Sepoys genannt, die aber von Englischen Officieren angeführt werden, und Englischen Truppen der Krone oder der Ostindischen Compagnie. Das Verhältniß der Europäischen Truppen zu den eingeborenen ist sich nicht immer gleich geblieben, hat jedoch in frühern Jahren im Durchschnitt etwa 1 : 10 betragen. Erst in neuester Zeit sind die Englischen Truppen sehr vermehrt, die Sepoys dagegen vermindert worden *). Der Europäische Soldat ist vorzugsweise für die Schlachten und Gefechte bestimmt, bei denen er stets den Ausschlag geben muß; die eingeborenen Truppen sind zuweilen brav und ihren Officieren gewöhnlich treu ergeben, aber es fehlt ihnen der physische Muth und die Körperkraft, um es mit Europäern aufnehmen zu können. Sie sind nüchtern, treu und leicht zu regieren, während der

---

*) Siehe das Werk: L'Inde Anglaise en 1843, par Ed. de Warren.

Englische Soldat sich leicht den Ausschweifungen ergiebt und nur durch strenge Gesetze in Ordnung gehalten werden kann; die ersteren übernehmen alle fatiganten Commandos, versehen den Vorposten-Dienst, decken Transporte und Bagage, ohne Gefahr kann man sie den fast senkrechten Strahlen einer glühenden Sonne aussetzen. Kommt jedoch der Tag der Schlacht heran, so werden die Sepoys an den äußersten Posten abgelös't, die Engländer treten an ihre Stelle, und wenige Tausende derselben haben in allen Schlachten gegen die zahlreichen Heere der Indischen Fürsten den Ausschlag gegeben. Ein neuerer Schriftsteller *) vergleicht den kleinen Haufen der Europäer, in den Schlachten gegen die Indischen Sultane und Nabobs, mit einer beweglichen Festung, der sich die Eingeborenen nicht nähern können, ohne zerschmettert zu werden, und deren Stoß Nichts zu widerstehen vermag. Es ist daher erklärlich, welchen Werth die Europäischen Soldaten in Indien haben und daß sich die Compagnie durch die ungeheuren Kosten des Transports und der Unterhaltung **) nicht abschrecken läßt, deren Zahl noch immer zu vermehren.

---

*) Der obige Herr von Warren.

**) Man rechnet, daß jeder Englische Soldat der Compagnie, vom Tage seiner Werbung an bis zu dem seiner Ausschiffung in Indien, allein 100 L. St. kostet. Der Unterhalt eines Regiments in Indien ist wenigstens doppelt so hoch, als der eines Regiments in England. Dazu kommen die Krankheiten und die viel größere Sterblichkeit, denen die Englischen Corps in Indien ausgesetzt sind.

Legt die Compagnie bei den Kriegen gegen die Eingeborenen einen großen Werth auf ihre Europäischen Truppen, so sind ihr dieselben, beim Kampfe gegen andere Europäische Truppen, vollends unentbehrlich. Die unter dem Obristlieutenant von Wangenheim eingetroffene Verstärkung bestimmte daher den General Stuart, die feindliche verschanzte Stellung anzugreifen. Die Französische Position vor Cuddalore lehnte ihren linken Flügel an die See, den rechten an einen Berg mit steilen Hängen, der Banda Pollam Berg genannt, der mit dornigem Gestrüpp bewachsen war. Hinter dem linken Flügel lag die Stadt Cuddalore, welche ein einfacher Wall mit einem Graben umgab. Die Position war etwa 3000 Schritt lang und bestand aus mehren gebrochenen Linien, deren Wahl durch die Vertheidigungsfähigkeit des Terrains bedingt war. Der linke Flügel lag unter den Kanonen der Stadt und war außerdem noch durch tiefe Ravins geschützt; vor der Mitte erstreckte sich, im Bereiche des Kartätschschusses der verschanzten Hauptbatterie, ein lichtes Palmenwäldchen, welches mit Gräben und Verhauen durchschnitten war. Den rechten Flügel deckte ein zickzackförmiges Erdwerk, gleichfalls mit Geschütz besetzt, aber beherrscht durch einen vorspringenden Theil des Banda Pollam. Auf etwa 500 Schritt hinter dem Centrum und rechten Flügel der Französischen Position erstreckte sich eine Art Landwehr, die Bonds Hedge genannt, welche eine zweite Vertheidigungslinie darbot. Ueber die Stärke der Franzosen fehlen die genauen Angaben, man schätzte sie auf etwa 5—6000 Mann Europäischer Truppen.

Die Englische Armee unter dem General Stuart war 10,000 Mann stark, unter denen sich etwa 2,500 Europäische Truppen befanden; sie lagerte den Franzosen gegenüber, den rechten Flügel an die See, den linken an den Banda Pollam gestützt. Die beiderseitigen Flotten manövrirten am 9. und 10. Juni im Angesichte beider Armeen auf der Höhe von Cuddalore, wurden jedoch durch einen heftigen Ostwind genöthigt sich zu trennen.

Am 13. Morgens 4 Uhr formirte sich die Englische Armee in Schlachtordnung, der rechte Flügel unter dem Obristen Stuart bestand aus dem 78. Englischen Regimente, 4 Regimentern Sepoys und einer Batterie von 4 achtzehnpfündigen Kanonen, das Centrum unter dem Obristen Elphinstone aus dem 101. Englischen Regimente, 2 Regimentern Sepoys und dem combinirten Hannoverschen Corps, der linke Flügel unter dem Obristen Gordon wurde gebildet aus dem 73. Englischen Regimente, dem Regimente von Madras, 3 Regimentern Sepoys, einem aus sämmtlichen Europäischen Regimentern combinirten Grenadiercorps von 500 Mann und einer Batterie von 6 achtzehnpfündigen Kanonen. Der General Stuart hielt sich am linken Flügel auf.

Gegen 5 Uhr nahm die Schlacht mit einer heftigen Kanonade von beiden Seiten ihren Anfang. Darauf rückte der linke Englische Flügel vor und vertrieb nach einem lebhaften Gefechte die Franzosen aus ihren Verschanzungen, deren Batterien sogleich demolirt wurden. Gegen 8 Uhr

Morgens erhielt der Obristlieutenant von Wangenheim Befehl die Französische Haupt-Batterie anzugreifen, das 101. Regiment und ein Bataillon Sepoys sollten ihm dabei die rechte Flanke decken. Er ermahnete, wie es in einer uns vorliegenden Relation heißt,*) die Völker Ehre einzulegen, mit scharf geschultertem Gewehre vorzurücken und nicht eher zu feuern, als bis sie ihres Schusses sicher wären. Darauf ging es im Sturmschritte vorwärts; man mußte sich gegen 200 Schritt lang durch das Holz arbeiten, und verlor dabei viele Leute, sowohl durch die feindlichen Kugeln, als durch die von den Bäumen abgeschossenen Aeste. Jenseits des Holzes ordnete man sich von Neuem und lief nun auf die Schanze los; das 101. Englische und das Regiment Sepoys blieben jedoch zurück, wodurch die rechte Flanke der Hannoveraner entblößt wurde. Hinter der verschanzten Batterie befanden sich die Französischen Regimenter la Marc und Austrasie. Diese rückten den Hannoveranern entgegen, als sie durch Kartätsch und klein Gewehrfeuer ziemlich decimirt am Fuße der Schanze ankamen. Es fand ein kurzes, aber heftiges Bajonetgefecht statt, in denen von beiden Seiten viele Leute fielen; 2 Hannoversche Officiere wurden durch Bajonetstiche getödtet, einer tödtlich, mehre andere leicht dadurch verwundet. Die Franzosen waren dem Hannoverschen Corps an Stärke überlegen, umfaßten daher dessen rechten Flügel und zwangen es in ziemlicher Unordnung zurückzuweichen. Bald jedoch stellte der Obristlieute-

---

*) Siehe von Wissel, Geschichte der Errichtung der Chur-Braunschweig-Lüneburgischen Truppen, Celle 1786, pag. 758.

nant von Wangenheim die Ordnung wieder her und empfing die verfolgenden Franzosen mit einem heftigen Gewehrfeuer, wodurch diese in die Schanze zurückgeworfen wurden. Um die Hannoveraner zu degagiren, ließ der General Stuart nun den linken Flügel vorrücken und ertheilte darauf dem Obristlieutenant von Wangenheim den Befehl zum abermaligen Sturm. Diesesmal hielten ihn die Franzosen nicht aus, sondern verließen die Schanze in wilder Eile, als das Hannoversche Corps sich bis auf 30 Schritte genähert hatte. 7 Kanonen kleinen Calibers fielen den Angreifern in die Hände, mehre andere waren schon früher aus der Batterie zurückgezogen worden.

Die Franzosen mußten nun alle ihre Verschanzungen verlassen und sich nach Cuddalore zurückziehen, zu dessen Belagerung unverzüglich geschritten wurde. Die Ehre des blutigen Tages gebührte vorzugsweise den Hannoveranern, welches besonders die Französischen Officiere bezeugten, die nach dem bald nachher publicirten Frieden mit Hannoverschen Officieren in Berührung kamen. Ihr Verlust war auch sehr groß und betrug bei den Officieren mehr als $1/3$, bei den Unterofficieren und Gemeinen $1/4$ ihrer Gesammtstärke. Die nachstehende officielle Uebersicht enthält das Nähere hierüber:

Verzeichniß

der in der Bataille bei Cuddalore am 13. Juni 1783 getödteten und verwundeten Officiere, Unterofficiere und Gemeine.

Todte:

15. Regiment: 1. Major Varenius,
2. Fähndrich Müller und 21 Mann.

16. Regiment: 3. Capitain Brunsich,
4. Lieutenant Clusmann und 43 Mann.

Summa . . 4 Officiere, 64 Mann.

Verwundete:

15. Regiment: 1. Capitain von Scharnhorst,
2. Lieutenant Brauns,
3. " von Hinüber,
4. Fähndrich Best,
5. " Chevalier und 38 Mann.

16. Regiment: 6. Capitain Dröge,
7. " von Zelle,
8. " von Westernhagen,
am 5. Juli an seinen Wunden gestorben,
9. Lieutenant Nolte,
10. " Hüpeden,
11. Fähndrich Wernecke,
12. " Isenbarth,
13. " Gerber und 99 Mann.

Summa . . 13 Officiere, 137 Mann.

Im Ganzen Todte und Verwundete: 17 Officiere und 201 Mann.

Die Meisten der übrigen Officiere hatten Contusionen oder Streifwunden erhalten, und dadurch den Eifer bethätigt, womit sie bemüht gewesen waren, ihren Untergebenen ein gutes Beispiel zu geben. Uebrigens betrug der Gesammtverlust beider feindlichen Corps 80 Officiere und gegen 2000 Mann, zum größten Theile Europäer, von dem auf jede der beiden Armeen etwa die Hälfte kam.

Es wurden hierauf die Trancheen vor Cuddalore eröffnet, und der Dienst der Belagerungstruppen war sehr beschwerlich, da ihre Anzahl im Verhältniß zu der Garnison viel zu gering war. Dazu trat noch ein unangenehmes Ereigniß ein, welches wenig Hoffnung auf einen günstigen Erfolg der Belagerung übrig ließ. Die Englische Flotte unter Sir Edward Hughes sollte Cuddalore von der Seeseite einschließen und zugleich den Landtruppen Kriegsvorräthe und Lebensmittel zuführen. Der Belagerungspark war kaum ausgeschifft, als der unermüdliche Suffrein wieder erschien, die Englische Flotte angriff und sie nöthigte, nach Madras zurückzukehren, worauf er die Festung Cuddalore mit neuen Vorräthen und einer Verstärkung an Marinetruppen versah.

Der General Stuart war jedoch nicht der Mann, sich durch eingetretene Hindernisse leicht von der Verfolgung seiner Plane abschrecken zu lassen. Dieser tapfere General hatte zwei Jahre früher in dem Kriege gegen Hyder Aly ein Bein verloren, wodurch indessen weder seiner Thätigkeit, noch seinem kriegerischen Feuer der mindeste Abbruch geschehen war. Trotz dem, daß bei der zunehmenden Hitze

Krankheiten unter seinen Truppen einzureißen begannen, trotz des eintretenden Mangels an Lebensmitteln, setzte er die Belagerung eifrig fort. Die Werke von Cuddalore waren sehr vernachlässigt und zu einem langen Widerstande wenig geeignet. Die Franzosen suchten daher den Fortschritt der Belagerungsarbeiten zu hindern. In der Nacht vom 25. Juni thaten sie einen Ausfall und drangen bis in die Trancheen vor, wurden jedoch von den Piquets der Belagerer, unter denen sich auch ein Detachement Hannoveraner befand, so kräftig empfangen, daß sie bald wieder in die Festung zurückgeworfen wurden. Ihr Verlust bei diesem verfehlten Unternehmen war nicht unbeträchtlich und bestand aus über 50 Todten, vielen Verwundeten und gegen 80 Gefangenen, unter denen der den Ausfall befehligende Officier, Obrist Chevalier d'Amas, und der nachher so berühmt gewordene Sergeant Bernadotte sich befanden. Der letztere, welcher damals in dem Regimente Royal marin diente, war vom Bailli de Suffrein mit nach Cuddalore hineingeworfen worden und wurde beim Ausfalle verwundet und gefangen. Bei einem Besuche des Hospitals fiel er dem Obristlieutenant von Wangenheim, wahrscheinlich seiner Jugend wegen — er zählte erst 19 Jahre — auf, und wurde von ihm der besonderen Sorgfalt der Aerzte empfohlen. Die dankbare Erinnerung dieser freundlichen Begegnung ist dem spätern gekrönten Feldherrn bis zum Abend seiner Tage treu geblieben.

Am 30. Juni erscholl die Nachricht des am 20. Januar desselben Jahres zwischen England und Frankreich geschlossenen Versailler Friedens, dessen officielle Bekanntmachung schon am 1. Juli erfolgte. Es fand nun ein freundschaftlicher Verkehr zwischen den beiderseitigen Truppen statt, welche sich vor Kurzem noch so feindselig gegenüber gestanden hatten, und zumal war das Verhältniß zwischen den Hannoverschen und Französischen Officieren sehr gut. Da der Krieg mit Tippo Saib noch nicht beendigt und ein Theil des Hannoverschen Corps dazu bestimmt war, die Armee des Südens, unter dem Obristen Fullerton, zu verstärken, so ergänzten viele Hannoversche Officiere ihre Feldequipage durch Ankäufe von den Franzosen.

In der Belagerungsarmee waren epidemische Krankheiten eingerissen, welche besonders die Reihen der Europäischen Truppen ziemlich lichteten. Auch mehre Leute und ein Officier des Hannoverschen Detachements erlagen den climatischen Krankheiten, unter denen die rothe Ruhr sich als besonders tödtlich erwies. Die Kranken wurden zu Schiffe nach Madras zurückgeschickt, ein Theil der Armee marschirte zu Lande gleichfalls dahin, ein anderer, bei welchem sich 220 Hannoveraner befanden, ging zur Verstärkung der Südarmee unter dem Obristen Fullerton nach Tanjore ab. Nur wenige Tagemärsche von Madras entfernt, mußten abermals 220 Hannoveraner wieder umkehren und mit mehren Bataillons Engländer und Sepoys, unter dem Obristen Elphinstone, zur Verstärkung der Südarmee abmarschiren. Nach einem sehr fatiganten Marsche von 4 Wochen bei glühender Hitze durch das Carnatik, eine Provinz, die vor wenigen Jahren von Hyder Aly so völlig verwüstet war, daß man weder Einwohner noch Lebensmittel vorfand *), kam man am 16. September zu Tritschinopoly an, wo man sich mit den Truppen, die der Obrist Stuart von Cuddalore nach dem Süden geführt hatte, vereinigte. Die beiden Hannoverschen Detachements stießen hier zusammen und bildeten ein kleines Bataillon von einer Stärke von 400 Mann, welches der Capitain Offeney befehligte. Man begrüßte die wiedergefundenen Cameraden und hatte sich viel zu erzählen von den Wunderwerken, welche man gesehen, von den Abentheuern, die man erlebt hatte. Ein Theil der Hannoveraner war in Seringham gewesen und hatte dort die berühmte Pagode bewundert, welche mit Recht in Indien eines so bedeutenden Rufes genießt. Mauern von 4 Fuß Dicke bilden ein äußeres Oblongum, dessen eine Seite 1200, die andere 1000 Schritt lang ist. In diesem größern liegen 6 andere immer kleinere Oblonga eingeschachtelt, deren Zwischenräume, von 35 Schritt Breite, mit mehren Reihen schöner Cocosbäume bepflanzt sind. In dem innersten Raume steht der Tempel, in welchem sich auf einem Gerüste der Gott Schammy befindet. Springquellen füllen schöne Bassins, in denen die dem Tempel geweihten Bajaderen und die Frauen und Töchter der Braminen sich baden. Die Caste der Braminen allein hat Zutritt zu diesem Heiligthume, während die andern Casten nach ihrem Range in den übrigen Zwischenräumen sich aufhalten. Nur bis zu

*) Es sollen in Folge dieser Verheerungen nicht weniger als 1½ Millionen Menschen vor Hunger gestorben sein.

der äußersten Intervalle darf die unreine Caste der Parias vordringen. Die Architectur und die Sculptur der Eingangsthore und des innern Tempels sollen von wunderbarer Schönheit sein.

Während der nächtlichen Lager war man oft von wilden Thieren beunruhigt worden, Tiger hatten 3 unglückliche Sepoys, trotz ihres heftigen Geschreies, mit sich fortgeschleppt, ein ander Mal waren wilde Elephanten in das Lager gekommen und hatten, scheu geworden, in flüchtiger Eile mehre Zelte umgerissen und Alles in Verwirrung gebracht. Auf den Ruhepuncten hatte man sich mit der Jagd belustigt, viel Wildpret und auch mehre reißende Thiere erlegt. Hier mag nun auch eine Anekdote ihren Platz finden, die sich durch Ueberlieferung in der Hannoverschen Armee erhalten hat, deren Glaubwürdigkeit wir jedoch nicht weiter verbürgen können. In übermüthiger Laune, durch Weingenuß erhitzt, wettet ein junger Hannoverscher Officier, ganz allein, mit seinem guten Damascener bewaffnet, den ersten Tiger, auf den er stößt, angreifen zu wollen. Man schreitet unverzüglich zum Werke. Nicht fern des Weges entdeckt man bald einen herrlichen Tiger, der sich behaglich sonnt. Unser junger Tollkopf geht ihm mit geschwungenem Säbel entgegen, ohne daß der Tiger im Gefühle seiner Kraft Notiz von seinem Gegner nimmt. Dieser bemüht sich ihm den Kopf zu spalten, verfehlt aber zum Glück sein Ziel — denn machtlos wäre der edle Stahl von dem harten Hirnschädel abgeglitten — und haut statt dessen dem Tiger die eine Vordertatze ab. Von wüthendem Schmerz durchdrungen, durch seine Verstümmelung gelähmt, steht der Tiger unentschlossen da, bis herbeieilende Cameraden ihn durch Kugeln tödten.

Am 24. September vereinigte sich der Obrist Fullerton mit den beiden ihm zur Verstärkung gesandten Detachements, und nun ging es bald vorwärts in das Land der Polygars, die den Gebirgszug bewohnen, der die Küste von Coromandel von der von Malabar trennt, und deren kriegerische Stämme erst durch Hyder Aly bezwungen und durch Forts mit starken Besatzungen im Zaume gehalten waren. Man fand an den Einwohnern treue Bundesgenossen und nahm mehre der obigen Forts ein. Vor dem größten, Polygautschery genannt, welches mit 3000 Mann besetzt und sehr ausgedehnt war, traf man am 4. November ein. Die Beschießung nahm von beiden Seiten ihren Anfang und nach einem heftigen Regen, der die Gewehre der Garnison durchnäßt hatte, so daß sie nicht mehr losgingen, wurden die Außenwerke gestürmt und viele Indianer dem Bajonet geopfert. Hierauf ergab sich das Fort gegen freien Abzug der Besatzung, und es wurde reiche Beute an Gold und Silber, Kanonen, Munition und Lebensmitteln gemacht. Nach Englischem Gebrauch wurden die Schätze getheilt, jeder Capitain erhielt etwa 400 ℔, der Lieutenant gegen 200 ℔, jeder Gemeine über 4 ℔, Alles nach einer gesetzmäßig schon lange in der Englischen Armee bestehenden Ordonnanz, wonach von aller, von einer ganzen Armee auf dem Schlachtfelde oder in Festungen gemachten Beute, der commandirende Officier 1/8, der zweite im Commando $^1/_{16}$, die übrigen Offiziere und Truppen nach Verhältniß ihrer Chargen erhalten; die von kleinern Detachements gemachte Kriegsbeute verbleibt diesen.

Bald nach der Einnahme von Polygautschery wurde ein Waffenstillstand geschlossen, dem im folgenden Jahre der Friede mit Tippo Saib folgte; die Armee des Obristen Fullerton marschirte darauf nach Tanjore zurück, wo sie in Cantonnements vertheilt wurde. Während der ganzen Expedition und auch schon bei Cuddalore hatten die Hannoverschen Lieutenants und nachherigen Capitains, von Wersabe und Du Plat, sich durch Aufnahme der Schlachtfelder und Läger, so wie der feindlichen Forts, und durch Croquis der Marschrouten sehr nützlich gemacht, was von den Englischen höhern Officieren sehr dankbar aufgenommen wurde. Der Capitain von Wersabe wurde späterhin dem Ingenieurcorps attachirt und zu vielen wichtigen Geschäften gebraucht. Leider starb er einige Zeit darauf, als er gerade auf Urlaub nach Deutschland zurückkehren wollte. Auch unter den übrigen Officieren fanden sich viele fähige Köpfe, und da die meisten der dienstfähig gebliebenen späterhin mit den Englischen Truppen gemeinschaftlich an dem Flandrischen Kriege Theil nahmen, und noch später in die Englisch-Deutsche Legion eintraten, so kam ihnen die frühzeitig erworbene Kenntniß der Englischen Sprache und des Englischen Dienstes sehr zu Statten.

Ein anderes Detachement der beiden Regimenter, unter dem Major von Kruse, aus 13 Officieren und 300 Mann bestehend, wurde Mitte Juli 1783 zu Madras eingeschifft, um die Garnison von Mangalore an der Küste von Malabar, welche schon zwei Jahre von Tippo Saib belagert war, zu verstärken. Widrige Winde hielten das Detachement so lange auf, daß, als es endlich vor Mangalore eintraf, ein Waffenstillstand mit Tippo geschlossen war, welcher es den Hannoveranern nicht erlaubte, in den Hafen einzulaufen. Dieses war ein großes Glück für sie, da ihre Anwesenheit schwerlich das traurige Schicksal der Garnison verhindert hätte, welche nach wieder ausgebrochenen Feindseligkeiten, wegen Mangels an Lebensmitteln und eingerissener Krankheiten, wodurch die Zahl der Streiter von 3000 bis auf 300 reducirt war, sich ergeben mußte. Der Major von Kruse stieß darauf zur Armee des Obristen Macleod zu Tellitchery und führte von dort aus, während des Waffenstillstandes, der Festung Mangalore einmal Lebensmittel zu.

Unter den kleinen Fürsten, welche die Parthie des Sultans von Mysore gegen die Engländer genommen hatten, befand sich Elisva, die sogenannte Königinn von Cananore. Während des Waffenstillstandes ließ sie Englische Officiere, die sich mit der Jagd belustigten, aufheben und in düstere Kerker werfen. Vergebens verlangte Obrist Macleod die Auslieferung seiner Officiere, die Fürstinn blieb unerbittlich. Die kleine Englische Armee, kaum 5000 Mann stark, rückte darauf vor Cananore, breschte die Mauern der Stadt ein und forderte die Königinn Elisva auf, sich zu ergeben. Auf ihre abschlägige Antwort wurde unverzüglich zum

Angriffe geschritten; die Hannoveraner, unter dem Major von Kruse, bildeten die Sturmcolonne, rückten mit der größten Unerschrockenheit vor, nahmen nach vielem Blutvergießen die Stadt ein und machten die Königinn, sammt allen ihren schwarzen Hofdamen, zu Gefangenen. Auch hier wurde große Beute gemacht und unter den Truppen vertheilt, wobei der Major von Kruse 800 Pagoden (über 2000 ₰) als Belohnung für sein tapferes und geschicktes Benehmen vorweg erhielt.

Der am 11. März 1784 mit Tippo Saib zu Mangalore geschlossene Frieden, in welchem Alles von beiden Seiten auf dem Fuße verblieb, wie es vor dem Kriege gewesen war, setzte auch hier den Feindseligkeiten ein Ziel. Das Detachement unter dem Major von Kruse kehrte darauf Ende April wieder nach Madras zurück.

Eine gefährliche Meuterei, die im Januar 1785 in dem Königlich Englischen 52. Regimente, im Fort Pondamallee, 15 Englische Meilen von Madras entfernt, ausgebrochen war, veranlaßte das Gouvernement, in aller Eile eine disponible Truppenzahl von 1200 Mann, wobei sich auch Detachements beider Hannoverschen Regimenter befanden, von Madras aufbrechen zu lassen und dem Obristlieutenant von Wangenheim das Commando dieses kleinen Corps zu übergeben. Die Festigkeit dieses Officiers stellte die Ruhe bald wieder her, ohne daß es nöthig gewesen wäre, zum Gebrauch der Waffen zu schreiten, und im Anfange Februar kehrten die Hannoverschen Detachements wieder zurück. Dem Obristlieutenant von Wangenheim wurde ein sehr schmeichelhaftes Dankschreiben, von sämmtlichen Mitgliedern des Gouvernements von Madras unterzeichnet, zu Theil, für die bei dieser Gelegenheit entwickelte Energie und Umsicht.

Der Capitain Offeney, der inzwischen zum Major ernannt worden war, verblieb fürs Erste noch mit seiner Abtheilung bei der Armee des Südens, welche zusammen gehalten wurde, um dem eben abgeschlossenen Frieden bei den wilden Gebirgsstämmen Anerkennung zu verschaffen.

In den innern Verhältnissen der beiden Regimenter waren in dieser Zeit manche Veränderungen eingetreten. In Folge einer im Jahre 1785 erfolgten neuen Numerirung der Hannoverschen Infanterie, wonach die Regimenter im Lande zu 1 Garde- und 13 Linien-Regimentern, jedes zu 2 Bataillons, festgestellt wurden, erhielten die beiden Ostindischen Regimenter die Nummern 14 und 15, statt 15 und 16, die ihnen bei ihrer Formation ertheilt waren. Der Obristlieutenant Reinbold hatte den Localrang von Obrist in Ostindien erhalten und führte von Madras aus das Obercommando über beide Regimenter, während er zugleich Chef des 14. Regiments war. Es fehlte nicht an unangenehmen Berührungen mit dem Chef des 15. Regiments, dem Obristlieutenant von Wangenheim, welche um so ernstlicher wurden, als beide Regimenter in ihren innern dienstlichen Verhältnissen keineswegs der Compagnie und der Englischen Generalität in Ostindien unterworfen waren, sondern direct unter dem Könige Georg III. standen, und gewöhnlich 10—11 Monate darüber verstrichen, ehe Königliche Entscheidungen auf abgegangene Berichte und Meldungen eintrafen. Diese Reibungen hatten die im September 1785, mit Königlichem Urlaub, erfolgte Rückkehr des Obristlieutenants von Wangenheim nach dem Lande und eine Klage beider Chefs gegen einander zur Folge, welche von den Hannoverschen Behörden untersucht wurde und mit einer Rückberufung beider endigte.

Im August 1785 wurden die beiden Regimenter nach Arcot, der Hauptstadt des Carnatik, verlegt, wo sie bis zum Frühjahre 1787 blieben. Dort erst stieß der Major Offeney mit seinem Detachement wieder zum Corps, welches jetzt zum ersten Male sich vereinigt, aber zugleich auf die Hälfte seines ursprünglichen Etats reducirt sah. Die vielen ungünstigen Berichte, die im Vaterlande über den Dienst in Ostindien und über die Tödtlichkeit des dortigen Climas einliefen, hatten den Zauber vernichtet, welcher die Expedition bei ihrer ersten Ausrüstung umschwebt hatte, und es fanden sich kaum noch Freiwillige unter dem Hannoverschen Officier-Corps, welche geneigt gewesen wären, den starken Abgang in den Ostindischen Regimentern zu ersetzen.

Die Verhältnisse in diesem Corps waren auch nicht die angenehmsten; viele Officiere erlagen den climatischen Einflüssen, andere kehrten, um diesem Schicksale zu entgehen, mit zerrütteter Gesundheit zurück. Das Avancement der untern Chargen war glänzend, das Leben hatte aber da seinen Werth verloren, wo oft die nächste Stunde den Tod bringen konnte, und Mancher, den feste Grundsätze nicht leiteten, überließ sich großen Ausschweifungen, um nur den Augenblick zu genießen. Bei Einigen hatte durch die Einwirkung der heißen Sonnenstrahlen der Verstand gelitten, Andere richteten ihre Finanzen zu Grunde, und mehre traurige Selbstmorde waren die Folgen davon. Die Bezahlung war überaus gut, ja nach Deutschen Begriffen ganz ungeheuer hoch, aber die nothwendigen Ausgaben waren auch so bedeutend, daß die Subaltern-Officiere kaum dabei bestehen konnten. In der Anlage C. ist eine Zahlungstabelle der Europäischen Truppen in Ostindien enthalten, hiezu kamen für die höhern Officiere und besonders für solche, welche irgend ein selbständiges Commando führten, noch manche außerordentliche Einflüsse, die nicht genau angegeben werden können. Jeder der etwas Geld gesammelt hatte, fand in Ostindien Gelegenheit, es sicher zu 12 Procent Zinsen anzulegen, wovon man jedoch nicht viel Gebrauch machte, da alle angehäuften Summen von Zeit zu Zeit, durch Wechsel auf England, in das Vaterland übersandt wurden. Man kann, um wenig anzuschlagen, die Summen, die dem Lande dadurch zu Gute kamen, gewiß zu 100,000 £. Sterling annehmen, wovon jedoch ein sehr bedeutender Theil in die Kriegscasse floß, welche nicht allein 5 Procent der sämmtlichen ordinairen Einnahmen beider Regimenter für sich berechnen ließ, sondern auch die großen Montirungscassen, wozu jedem Gemeinen täglich 1½ Pence, den Unterofficieren noch höhere Abzüge gemacht wurden, zu sich nahm, aus denen sie jedoch die Montirung der Regimenter zu bestreiten hatte. In diese beiden Cassen, welche gemeinschaftlich die große Regimentscasse genannt wurden, flossen noch manche andere Einnahmen, so daß die beiden Regimenter, nach ihrer Rückkehr in das Vaterland, zu den reichsten Regimentern der churhannoverschen Armee gehörten, was ihnen freilich um so weniger zu Gute kam, als sie gleich darauf aufgelöst wurden.

Während die Einnahmen der Officiere nach ihren verschiedenen Graden sehr verschieden ausfielen, fanden in den Ausgaben derselben doch keine große Differenzen statt. Jeder Officier war beritten, wenigstens mußten es alle diejenigen sein, die die ganze oder halbe Batta (Feldzulage) genossen, und nach den eigenthümlichen Einrichtungen des gesellschaftlichen Lebens in Indien, wonach jeder einzelnen Caste ihre besonderen Handthierungen angewiesen sind, konnte kein Fähndrich ohne 8 Domestiken fertig werden, die im Felddienste oft bis auf 12 und noch mehr heranwuchsen. Jeder Domestik kostete monatlich 5—6 ℘ durchschnittlich, dazu kam, daß man im Felde eine Menge Vorräthe mit sich führen mußte, die man unterwegs nicht antraf und welche durch das heiße Clima zu Bedürfnissen geworden waren, daß ferner das Leben in Madras, wo in den Jahren 1781 und 82 nach der furchtbaren Verheerung des Carnatik durch Hyder Aly, allein 60,000 Menschen den Hungertod gestorben waren, sehr theuer war, und daß man auch in den Friedensgarnisonen den täglichen Genuß mancher theueren Luxusartikel, als starker Weine und Spirituosa, nicht entbehren konnte, wenn man den Einflüssen des Climas widerstehen wollte. Daß dabei Ausschweifungen, deren Folgen häufig tödtlich waren, nicht immer vermieden wurden, ist schon angedeutet worden, aber nirgendswo, als unter diesem tropischen Himmel, soll es so schwer sein dem Hang zum Trunk und zu andern sinnlichen Genüssen zu widerstehen. In den heißen Monaten von Mitte Mai bis Mitte September darf kein Europäer es wagen, nach 10 Uhr Morgens sich den Sonnenstrahlen auszusetzen, wenn er nicht den Sonnenstich gewärtigen will, aller Dienst, alle Geschäfte außer dem Hause werden vor 9 Uhr beendigt. Alsdann liegt jeder, dessen Verhältnisse es erlauben, bis 4 Uhr Nachmittags auf weichen Polstern und läßt sich Kühlung zufächeln. Die Zunge lechzt im Halse, die Haut schrumpft zum Pergament zusammen, jede unbedeutende körperliche Anstrengung bringt häufigen Schweiß hervor. Endlich tritt die kühlere Abendluft ein, man lebt von Neuem auf und sucht in freundschaftlichen Vereinen an der Mittagstafel, wo nach Englischer Sitte der kreisende Becher nicht fehlt, Erholung für die überstandene furchtbare Hitze, worauf ein Abendritt oder Spaziergang den Tag beschließt. In den Monsoons oder Regenmonaten, welche auf der Küste von Coromandel das letzte Viertel des Jahres füllen, leidet man nicht mehr von der Hitze, aber Plagen anderer Art treten hervor. Ungeziefer jeder Gattung, Moskitos, Scorpione, Tausendfüße, selbst Schlangen werden durch das strömende Wasser aus ihren Schlupfwinkeln vertrieben, man kann sich ihrer nicht erwehren, sie dringen in alle Gemächer, und die größte Vorsicht ist gegen ihre oft tödtlichen Bisse und Stiche nothwendig. Mit dem neuen Jahre endlich tritt ein paradiesisches Clima ein, die erfrischte Natur schmückt sich mit tausend Reizen, der Himmel ist unbewölkt, die Sonne verbreitet eine angenehme Wärme, die Morgen und Abende sind frisch und labend. In den 4 bis 5 ersten Monaten des Jahres werden gewöhnlich die kriegerischen Expeditionen unternommen, wir haben jedoch schon gesehen, daß sie auch durch die heißen Monate, in denen viele Hannoveraner dem Sonnenstich erlagen, nicht unterbrochen wurden, aber in der Regenzeit sind sie mit den größten Beschwerlichkeiten verknüpft. Der Regen gießt alsdann herab mit furchtbarer Gewalt, häufig von Orcanen begleitet, und zwingt dadurch Jeden Schutz und Obdach zu suchen. Vorzüglich fällt er den Eingeborenen lästig, sie schmelzen unter ihm förmlich dahin, und bleiben sie ihm längere Zeit ausgesetzt, so erliegen sie zu ganzen Haufen.

Nichts fiel den Hannoveranern in Indien mehr auf, als der ungeheure Troß, welcher dort die Armeen begleitet. Bei einem Corps von 10,000 Mann befand sich ein Gefolge von 50,000 Menschen. Jeder Europäische Soldat hat seinen Diener und die Officiere halten ganze Schaaren von Domestiken. Dieses würde jedoch noch lange nicht den obigen ungeheuren Troß erklären, wenn nicht der Umstand hinzuträte, daß die Sepoys stets ihre ganze Familie mit sich führen, Frau und Kinder, Eltern und Frauen-Eltern und oft noch andere weitläuftigere Verwandte. Wollte man sie dieser Begünstigung berauben, so würden sie traurig und muthlos werden und in ganzen Schaaren desertiren; denn mit unbeschreiblicher Innigkeit hängt der Indier an seiner Familie und nur im Kreise der Seinigen ist ihm wohl. Welche Schwierigkeiten nun ein Feldherr hat, ein so ungeheures Heer, das doch oft nur wenige Streiter zählt, zu verpflegen, läßt sich denken; sie würden oft nicht zu überwinden sein, wenn die außerordentliche Mäßigkeit des Indiers dieß nicht erleichterte, da er nur Wasser trinkt und 1 Pfund Reis täglich zu seinem Unterhalte genügt. Daß ein Feldzug in Indien ganz anders beurtheilt werden muß, wie einer in Europa, ist bekannt und findet in den obigen Andeutungen zum Theil seine Begründung.

Die nächsten Jahre führten in der Lage des Hannoverschen Corps, mit Ausnahme der im Frühjahr 1787 statt findenden Rückkehr nach Madras, keine Veränderungen herbei. Der große Abgang in beiden Regimentern veranlaßte eine neue Werbung von 400 Mann im Lande, welche zu 4 Compagnien formirt und mit Officieren aus der Armee versehen wurden; dem Major von Spangenberg, vom 12. Infanterie-Regimente von Linsingen, wurde das Commando übergeben. Mit dieser Verstärkung segelte der Obrist von Wangenheim, vom 2. Reuter-Regimente von Hammerstein, welcher bestimmt war, den Obristen Reinbold abzulösen, Ende October 1786 von Bremerlehe ab und kam am 27. Mai 1787, nach einer im Ganzen glücklichen Seefahrt zu Madras an. Er war zum Chef beider Regimenter ernannt, da der Obristlieutenant von Wangenheim im Lande eine anderweitige Anstellung fand; zum Commandeur des 15. Regiments wurde der Major Offeney bestimmt.

Im August und September 1787 wurden abermals 200 Recruten für den Ostindischen Dienst angeworben und, nebst 2 Officieren und 12 Unterofficieren, im October desselben Jahres zu Bremerlehe eingeschifft. Die ganze Anzahl der nach Ostindien abgegangenen Hannoverschen Truppen betrug demnach, mit Einschluß eines früheren geringen Recruten-Transports, gegen 2,800 Mann.

In Folge der erhaltenen Verstärkung wurden die beiden Regimenter von 10 auf 12 Compagnien gesetzt, von denen jede aber nur etwa 50 Köpfe zählte. Der Obrist Reinbold verließ Ostindien, um über China nach Deutschland zurückzukehren, starb jedoch auf der Heimreise zu Canton am 11. November 1787. Der Obrist von Wangenheim ersetzte ihn auch in den Chargen, welche ihm vom Gouvernement von Madras verliehen worden waren, indem er außer der Commandantur der schwarzen Stadt von Madras, auch den Befehl über die 5. Brigade erhielt, wozu außer dem Hannoverschen Corps, noch 1 Grenadierregiment und 4 Bataillons Sepoys gehörten. Das 14. Regiment war in der schwarzen Stadt casernirt, während das 15. in den Baracken des Forts St. George lag. Bis zum Herbste des folgenden Jahres blieben beide Regimenter in diesen Quartieren, und es ereignete sich Nichts, was unsere besondere Aufmerksamkeit in Anspruch nehmen könnte.

Es hatten sich Differenzen mit dem Nizam von Hyderabad (auch Soubah von Decan genannt) über den Besitz gewisser Provinzen erhoben, welche unter dem Namen der nördlichen Circars von einheimischen Rajahs regiert wurden, die unter der Oberhoheit der Präsidentschaft von Madras standen. Unter den Truppen, welche bei dieser Veranlassung von Madras nach den Circars eingeschifft wurden, befand sich auch das 15. Regiment, unter dem Major Offeney, welches über 600 Combattanten stark, am 24. August 1788 das Fort St. George verließ und nach einer glücklichen Fahrt in den ersten Tagen des Septembers in der Nähe von Ongole debarkirte. Zu Feindseligkeiten kam es nicht, da der Nizam sich den Forderungen der Compagnie bequemte, das 15. Regiment hatte jedoch verschiedene Hin- und Hermärsche auszuführen und stand während der Regenzeit bei Guntoor im Lager.

Das disponible Corps bestand, außer dem 15. Regimente, aus 1½ Compagnien Europäischer Artillerie, 2 Compagnien einheimischer Cavallerie, 4 Bataillone Sepoys und 20 Mann Pionniere. Der Obristlieutenant Edingtoun, der das Ganze commandirte, ging Mitte December aus Gesundheitsgründen, nach Madras zurück und überließ dem Major Offeney das Commando des kleinen Corps. Dieser blieb bis zum 23. März im Lager bei Guntoor stehen und marschirte dann auf erhaltenen Befehl, nach Zurücklassung von 2 Bataillonen Sepoys, zu Lande nach Madras zurück, wo er Ende April wieder eintraf, nachdem er 275 Englische Meilen unter sehr ungünstigen Verhältnissen zurückgelegt hatte. Sein kleines Corps bedurfte allein 5,500 Ochsen zum Transport der Artillerie, der Munition und Lebensmittel und es fiel sehr schwer sich auf dem Marsche mit dem nöthigen Wasser und der Fourage für die vielen Lastthiere zu versorgen.

Da die beiden Hannoverschen Regimenter in der zweiten Hälfte des Jahres 1781 auf eine Zeit von 8 Jahren angeworben waren, so lief mit Ausgang des Jahres 1789 die Capitulation eines großen Theils der Soldaten zu Ende. Die Compagnie hatte sich verpflichtet, den Regimentern nach einer 7 jährigen Dienstzeit in Ostindien freie Rückfahrt nach ihrer Heimath zu gewähren; die Indischen Behörden derselben fanden sich jedoch um so weniger dazu geneigt diese Regimenter zu entlassen, als gerade im Jahre 1789 ein neuer Krieg mit Tippo Saib ausbrach, und man sehr wünschte, die Hannnoverschen Truppen dabei mit zu verwenden. Der Obrist von Wangenheim befand sich hiebei in einer um so mißlicheren Lage, als die ihm ertheilten Instructionen diesen Fall nicht berücksichtigt hatten und neue Instructionen, um welche er, freilich etwas spät nachsuchte, nicht eintrafen. Es blieb daher vorläufig kein anderes Mittel übrig, als die Mannschaft, so wie ihre Capitulationszeit abgelaufen war, unter völliger Beibehaltung ihres bisherigen Tractaments, von jedem Dienste zu dispensiren. Dieses Auskunftsmittel wirkte jedoch höchst nachtheilig auf die Disciplin des Corps ein; die dispensirten Soldaten waren ohne Beschäftigung, verfielen daher in eine lockere Lebensweise und glaubten sich in keiner Hinsicht mehr an die Befehle ihrer Obern gebunden. Es ist zu verwundern, daß keine grobe Excesse vorfielen, da in den über diese Angelegenheit erstatteten Berichten nur ab und an über Trotz und Anmaßung der vom Dienst dispensirten Soldaten geklagt wird, und es zeugt dieses um so mehr von dem guten Geiste, der das Corps im Ganzen beseelt haben muß, da dieses Verhältniß lange anhielt und in den ersten Monaten des Jahres 1790 eine noch größere Ausdehnung erhielt. Die Capitulationszeit der 4 Compagnien, welche im Jahre 1786 auf 4 Jahre angeworben waren, fing nämlich auch an zu erlöschen und die Zahl der dispensirten Soldaten wurde so groß, daß der Dienst im Fort St. George, welcher besonders den Hannoveranern zu Theil wurde, indem alle übrigen Europäischen Truppen gegen Tippo Saib im Felde standen, nicht mehr gegeben werden konnte. Man mußte sich damit helfen, die unentbehrliche Anzahl Leute von 6 zu 6 Wochen zum Dienst zu engagiren und ihnen für diese kurze Zeit extraordinair 1 Pagode (etwa 2⅓ ₰) zu vergüten.

Während dieser ganzen Zeit fanden Unterhandlungen mit dem Gouvernement zu Madras und dem General-Gouverneur Lord Cornwallis auf der einen, und dem Obristen von Wangenheim auf der andern Seite statt, um die Dienstverhältnisse des Hannoverschen Corps wieder zu reguliren. Die Behörden der Compagnie wünschten eine neue Capitulation auf 3 Jahre abzuschließen und dieser Wunsch wurde von dem Hannoverschen Officiercorps und auch von den Gemeinen getheilt, indem man alsdann sichere Hoffnung hatte, gleich im Felde verwandt zu werden. Im Falle diese Capitulation nicht zu Stande käme, beabsichtigten die Englischen Behörden, Werbungen unter der ausgedienten Mannschaft anzustellen, die bei dem bedeutenden Handgelde und der sicheren Aussicht auf große Beute gewiß viel Erfolg gehabt hätten, und die neu Angeworbenen unter die Ostindischen Regimenter zu vertheilen, die Officiere und Unterofficiere mit dem Rest der Mannschaft aber zurück nach Europa zu schicken.

Die Stellung des Obristen Wangenheim war unter diesen Umständen eine höchst schwierige, und es gehörte kein geringer Grad von Tact dazu, sich richtig dabei zu benehmen. Er war seinem Fürsten verantwortlich wegen des Schicksals der ihm anvertrauten Regimenter, und er durfte nie eine Auflösung derselben zugeben, da er wohl voraussehen konnte, daß der brauchbare Theil derselben, trotz der abgelaufenen Capitulation, dem churfürstlichen Dienste erhalten werden würde. Alle Werbeanträge für die Englischen Regimenter der Compagnie wies er daher völlig ab. Eben so wenig hielt er sich in Ermangelung von Instructionen für berechtigt, eine neue Capitulation auf 3 Jahre einzugehen, da er nicht wissen konnte, ob den beiden Regimentern, welche einen integrirenden Theil der churfürstlichen Armee ausmachten, nicht eine andere Bestimmung im Vaterlande zugedacht war. Nach verschiedenen Vorschlägen von beiden Theilen, die von der einen oder andern Seite Bedenken fanden, vereinigte man sich am Ende am 11. Mai 1790 dahin, daß vom 7. Juni an den ausgedienten Leuten eine neue Capitulation auf 6 Monate zu 2½ Pagoden Handgeld angeboten werden und diese Capitulation auf dieselben Bedingungen von 6 zu 6 Monaten erneuert werden sollte, bis die Königlichen Befehle über das Bleiben oder die Rückkehr der Regimenter eingetroffen sein würden. Die Mannschaft fügte sich diesen Bedingungen und damit fand dann auch diese schwierige Angelegenheit ihre Erledigung.

Leider waren die so eben geschilderten Verhältnisse die Veranlassung, daß das Hannoversche Corps keinen Antheil an dem Kriege gegen Tippo Saib nahm, der besonders im folgenden Jahre 1791, unter der Leitung des Lords Cornwallis, mit so glänzendem Erfolge geführt und im Februar 1792 unter den Mauern von Seringapatam durch einen Frieden beendigt wurde, in welchem Tippo Saib die Kriegskosten bezahlen und die Hälfte seines Reiches abtreten mußte.

Daß der Sultan von Mysore diesen harten Frieden nicht verschmerzen konnte und einige Jahre später auf die Nachricht von Bonapartes Landung in Egypten von Neuem das Schwert zog, nach zwei verlorenen Schlachten jedoch, in seiner Hauptstadt Seringapatam eingeschlossen, beim Sturm derselben am 4. Mai 1799 Krone nnd Leben einbüßte, ist bekannt und wird hier nur erwähnt, um über das Ende dieses erbitterten Feindes der Engländer, dessen Name mehrfach in diesen Blättern vorgekommen ist, eine kurze Andeutung zu geben. Nicht ohne Theilnahme können wir von dem großen Manne scheiden, welcher, dem Hannibal gleich, seinem sterbenden Vater ewigen Haß gegen die modernen Römer geschworen hatte und seinen Schwur endlich mit seinem Blute besiegelte.

Nach dieser kleinen Digression, welche man uns hoffentlich verzeihen wird, kehren wir zu unserm Gegenstande zurück. Erst im December 1790 trafen die Königlichen Befehle über die fernere Bestimmung der beiden Hannoverschen Regimenter ein und lauteten dahin, daß der Obrist von Wangenheim, in Betracht der schwierigen Lage, worin die Compagnie durch den Krieg mit Tippo Saib versetzt war, ermächtigt wurde, eine neue Convention auf 1 bis 3 Jahre mit dem Ostindischen Gouvernement abzuschließen. Es wurde hierauf mit dem General-Gouverneur Lord Cornwallis die Abkunft getroffen, daß das 14. Regiment noch 1 Jahr in Indien verbleiben und sich aus dem 15. Regimente completiren sollte, während die Cadres des letztern mit den Invaliden beider Regimenter und denjenigen Leuten, welche nicht geneigt wären, eine fernere einjährige Capitulation einzugehen, nach dem Lande zurückgeschickt würden. In Folge dessen wurden die Invaliden des Hannoverschen Corps, welche in den Forts Arnee und Chingleput gelegen hatten, nach Madras beordert, und von Mitte Januar bis Ende April 1791 das 15. Regiment, mit einem Bestande von 37 Officieren, 82 Unterofficieren und 139 Gemeinen, nebst 46 Unterofficieren und 131 Gemeinen an Invaliden beider Regimenter, im Ganzen mit Einschluß von 20 Frauen, 455 Köpfe stark, auf 7 Fahrzeugen nach Europa eingeschifft. Von dem 14. Regimente, welches nach seiner Completirung aus dem 15. eines der stärksten und diensttüchtigsten der Europäischen Regimenter in Indien geworden war, und über 850 Combattanten zählte, wurden 6 Compagnien in Madras, die 6 übrigen im Fort St.

George casernirt. Von den ersteren wurde später 1 Compagnie auf kurze Zeit nach Pondamallee detachirt.

Die verschiedenen Abtheilungen des 15. Regiments und der Invaliden beider Regimenter trafen in der zweiten Hälfte des Jahres 1791 allmählig zu Stade ein und erhielten dort ihre fernere Bestimmung angewiesen. Der Eindruck, den ein großer Theil von ihnen bei ihrer Ankunft im Lande hervorbrachte war eben kein erfreulicher. Es befanden sich viele Krüppel, Epileptische und mit andern schweren Gebrechen Behaftete unter ihnen, auch waren mehre Officiere und Unterofficiere mit ganzem oder partiellem Wahnsinn befallen. Man beeilte sich die Gemeinen, von denen ein großer Theil die Englisch-Ostindische oder Hannoversche Pension erhielt, zu verabschieden; von den Officieren und Unterofficieren wurde ein Theil in den Feld- und Landregimentern placirt, und die übrigen mit Pension entlassen.

Kaum war das letzte Detachement Invaliden in Stade eingetroffen, als schon ein neuer Transport mit 150 Mann, incl. 6 Officieren, unter dem Capitain von Arentsschildt, gleichfalls dort landete. Es waren dieses die ausgediente Mannschaft und der Rest der Invaliden vom 14. Regiment, welche am 12. Juli Madras verlassen hatten und nun gleichfalls in Stade ihren Abschied erhielten. Der übrige Theil des 14. Regiments blieb bis zum Anfang 1792 in Madras, wurde alsdann gleichfalls embarkirt und traf ohne Unfälle in Stade ein. Die letzten Officiere, welche

Indien verließen, waren der Obrist von Wangenheim mit den Capitains von Weyhe und von Hinüber, sie segelten im März ab und erreichten, nach einer sehr langwierigen Reise, Stade erst um die Mitte November. Mit den 150 Mann, welche der Capitain von Arentschildt hergeführt hatte, betrug die ganze Stärke des aus Indien zurückgekehrten 14. Regiments 614 Köpfe. 177 Soldaten, welche noch auf mehr als 1 Jahr capitulirt hatten, mußten in den Englischen Regimentern ihre Dienstzeit beendigen, auch hatten verschiedene Ausgediente vorgezogen in Indien zu bleiben und waren dort entlassen worden. Ein Theil der Mannschaft erhielt seinen Abschied im Lande, der übrig gebliebene Theil des Regiments bildete den Stamm zu einem neuen 14. Regimente, welches zum leichten Dienste bestimmt wurde und binnen Jahresfrist schon wieder ins Feld ging, um das in den Niederlanden gegen die Franzosen fechtende und im Englischen Solde stehende Auxiliarcorps zu verstärken. Die übercompletten Officiere wurden bei den andern Feldregimentern placirt.

Hiermit ist die Geschichte des Hannoverschen Truppencorps in Indien beendigt. Der Anfang seiner dortigen dienstlichen Laufbahn bot ihm Gelegenheit sich auszuzeichnen, welche eifrig ergriffen wurde. Die Schlacht von Cuddalore, der Sturm von Cananore, die Operationen im Süden, welche mit der Einnahme des Forts Polygautschery endigten, die Dämpfung des Aufruhrs zu Pondamallee zeugten für seine Tapferkeit und Disciplin. Dem ungewohnten Clima, dem Sturme der Leidenschaften, welchen der kräftig organisirte Europäer in diesen tropischen Gegenden so leicht sich hingiebt, brachte es zahlreiche Opfer, und nur die kleinere Hälfte der rüstigen Männer, welche die Ufer der Weser und Elbe verlassen hatten, um unter weit entfernten Himmelsstrichen Leben und Gesundheit auf das Spiel zu setzen, sah ihr Vaterland wieder. Eine schöne Gelegenheit, neue Lorbeeren zu gewinnen, konnte nicht benutzt werden, weil die Willensmeinung ihres Monarchen über die Bestimmung des Corps nicht bekannt war. Aber unter dem glühenden Himmel Asiens, wie auf Gibraltar's ödem Felsen, wie in frühern Zeiten auf Morea's Gefilden, waren die Hannoveraner der Ehre ihres Namens eingedenk und hinterließen ihn unbefleckt ihren Nachkommen.

In den dienstlichen Correspondenzen und Verhandlungen der höhern Hannoverschen Officiere mit den Englisch-Ostindischen Oberbehörden, so wie in den Rescripten, welche sie aus London und Hannover erhielten, finden sich die achtungsvollsten Aeußerungen über die Leistungen und das Benehmen des Hannoverschen Corps in Indien. Eine Menge Zeugnisse der Art könnten von uns angeführt werden; wir beschränken uns, indem wir damit diesen Gegenstand beschließen, auf die Mittheilung der nachfolgenden, da in den übrigen dasselbe Thema, nur etwas variirt, abgehandelt ist.

Auszug aus dem Generalbefehle des Obristen Reinbold an beide Regimenter d. d. 12. Juni 1784.

„Unter dem Rescript vom 27. Januar 1784 geben mir „Ihro Königliche Majestät auf, Ihro Allerhöchste Gnade „und Zufriedenheit über das rühmliche Betragen des De„tachements der beiden Regimenter in der Affaire von Cud„dalore selbigen zu erkennen zu geben.

Eine ähnliche Belobung von Seiten des Hannoverschen Generals en Chef von Reden wurde den beiden Regimentern unter dem 19. October 1784 bekannt gemacht.

Auszug eines Schreibens des Gouverneurs von Madras, Generals Sir Archibald Campbell, an den Obristen Reinbold:

Fort St. George 8th of May 1786.

. . . . „I am happy on this occasion to assure „you, Sir, that it was with infinite satisfaction I have „received from the members of this Government the „most favourable accounts of the zeal and meritorious „conduct of His Majesty's electoral troops in this coun„try, although it was certainly no more, than what „was expected from officers and men, distinguished „for intrepid valour and discipline on every former „occasion" . . . .

Uebersetzung.

„Ich schätze mich glücklich, Sie, Sir, bei dieser Gelegen„heit versichern zu können, daß es mir zur größten Befriedi„gung gereicht hat, von den Mitgliedern dieses Gouvernements

„die günstigsten Berichte über den Eifer und das verdienst-„volle Benehmen Seiner Majestät churfürstlicher Truppen „in diesem Lande zu erhalten, obgleich es fürwahr nichts „Anderes war, als was man von Officieren und Leuten „erwarten konnte, welche sich bei jeder frühern Gelegenheit „durch unerschrockene Tapferkeit und Disciplin ausgezeich-„net hatten.“ —

Anlage A.

Nachdemmahlen die nach Ost-Indien handelnde Gesellschaft Englischer Kaufleute in ihrem Bemühen zu Anwerbung eines Corps Truppen in Teutschland behuef Vermehrung und Verstärkung ihrer zur Beschützung ihrer Besitzungen und Etablissements in Asien gegenwärtig dienenden Macht viele Schwierigkeiten gefunden, und deshalb sich an Se. Königl. Majestät um ein Corps Ihrer Churfürstl. Truppen welche nach Ost-Indien um daselbst zu ihrem Dienst gebraucht zu werden, überschicket werden könnten, gewandt hat; Und von Sr. Majestät in dem Betracht, daß dieses Gesuch unter den gegenwärtigen Umständen den Nutzen und die Ehre Dero Crone nicht weniger als die Sicherheit und den Vortheil der Compagnie betreffe, und es erforderlich sey, daß gedachte Besitzungen und Etablissements gegen die Angriffe des Feindes, mit welchem Dero Crone und die Nation in jenem Welttheil in Krieg verwickelt werden mögte, kräftigst unterstützet und gesichert werden, dem Ansuchen der Compagnie in soferne gewillfahret werden, daß Se. Majestät erlaubt haben, daß unter Dero Nahmen als Churfürst, auf Kosten der Gesellschaft und zu derem Dienste ein Corps von 2000 Mann angeworben werde.

So sind in Gefolg dieser allergnädigsten Erlaubniß Sr. Königl. Majestät Conventions-Artickel entworfen und festgesetzet zwischen Sr. Majestät Churfürstlichen Minister Johan Friedrich Carl von Alvensleben, Sr. Majestät Churfürstl. General-Lieutenant und General-Adjudanten Wilhelm von Freytag, von Seiten Sr. Königl. Majestät, und Esqr. Joh. Caillaud, General Brigadier im Dienst der Compagnie, von Seiten gedachter Compagnie, als welche dazu gehörig authorisiret und bevollmächtiget worden; und ist zwischen selbigen beliebt und beschlossen, daß

1.

nicht allein die Kosten um besagtes Corps von 2000 Mann anzuwerben, sondern ebenfalls die Bezahlung, Kleidung, Unterhalt und Transport nach dem Ort ihrer Bestimmung ꝛc. von der Ost-Indischen Compagnie gestanden und vergütet werden sollen, und

2.

Daß die Compagnie, welche diese Sr. Majestät allergnädigste Willfahrung gehörig und dankbar erkennet, sich verpflichtet und verbindet, besagte Artikel genau zu erfüllen und ihren Gouverneurs, Befehlshabern und andern zur Verwaltung ihrer Geschäffte sowohl in Asien als hier angesetzten Bedienten, die nöhtigen Anweisungen und Befehle zu geben, daß sie sich so viel als von ihnen abhängt, diesen Artikeln gemäß bezeigen und darnach sehen, daß solche gehörig genau und treulich erfüllet werden.

3.

Diese Artickel, die in verschiedene Capitel gebracht, und besonders beglaubiget sind, auch alles befaßen und völlig ausdrücken, was von Seiten Sr. Majestät bewilliget und gefordert und von Seiten der Compagnie acceptiret und versprochen worden, sind nebst demjenigen worauf sie sich beziehen, dieser Schluß Convention und Tractat angehänget, machen davon einen Theil aus und sind durch selbigen von beiden Seiten angenommen, ratificirt, und bestätiget.

Von diesem Tractat, der also verabredet und geschloßen worden, sind 2 Originalia zum Gebrauch eines jeden der contrahirenden Theile unterschrieben und besiegelt von Uns Sr. Königl. Majestät ChurHannöverschen StaatsMinister und dem General Lieutenant Wilhelm von Freytag und von

Uns dem Präsidenten (Chairman) und Vice Präsidenten (Deputy Chairman) der Ost-Indischen Compagnie.

London den 7ten Sept. 1781.

(L. S.)	(L. S.)
Joh. Fridr. Carl von Alvensleben.	Lau Sullivan.
(L. S.)	(L. S.)
Wilhelm von Freytag.	Willm James.

In Gegenwart Sr. Excell. Baron v. Alvensleben, General Lieut. v. Freytag General Brigadier John Cailland.

Nachdem Se. Königliche Majestät auf Ansuchen der Ost-Indischen Compagnie allergnädigst zu verstatten geruhet haben, daß ein Regiment von 2000 Mann in Dero Churfürstlichen Ländern errichtet würden, um zum Dienst besagter Compagnie zur Vertheidigung ihrer Besitzungen auf dem festen Lande in Ost-Indien gebraucht zu werden, und nachdem Allerhöchst Dieselben in Gefolg deßen Dero Chur-Fürstl. Staats Minister Baron Alvensleben und Dero Churfürstl. General Adjudanten und General Lieutenant von Freytag bestimmt haben, alle Particularia einer Convention zu diesem Endzweck mit dem von dem Präsidenten und Vice-Präsidenten der Ost-Indischen Compagnie dazu ernannten und bestellten General Brigadier John Cailland festzusetzen, so sind vorbemeldte Partheyen ihrer respectiven Instruction gemäß am 27ten und 29ten May des Jahrs 1781. zusammen gekommen. Und sind bey diesen Zusammenkünften die angehängten Praeliminair-Artikel, sie wie sie unter ihre verschiedene Capitel specificirt sind, einmüthiglich genehmiget worden.

Geo. Best.
Secret.

General Artikel der Convention.

1) Das Regiment soll in dem Dienst der Ost-Indischen Compagnie sieben Jahre bleiben von dem dato ihrer Ankunft in Ost-Indien angerechnet; und zwey Jahre vor dem Ablauf dieser Zeit, muß Sr. Majestät Nachricht gegeben werden, im Fall die Compagnie es nöthig finden sollte, das Regiment noch länger in Sold zu haben, als welches sodann eine neue Convention erfordern wird.

2) Im Fall das Regiment oder die gantze Mannschaftszahl des Regiments nicht angeworben werden könnte, soll die Compagnie die Recruten-Zahl die zu dieser Absicht geworben sind, annehmen und alle desfalls vorgekommene Kosten bezahlen.

3) Keine Abzüge, sie mögen seyn wie sie wollen, sollen von dem Gelde gemacht werden, welches nach den besondern Artickeln zu bezahlen, festgesetzet ist.

4) Das Regiment soll völlig auf den Fuß gesetzet werden, als Sr. Majestät Truppen in Ost-Indien sowohl in Absicht des Soldes, Ranges, Dienstes als in jeder andern Rücksicht, nichts ausgenommen.

5) Da Sr. Königl. Majestät nicht die Absicht haben, bey Überlaßung des Regiments zum Dienst der Compagnie im mindesten zu profitiren, so ist von der andern Seite festgesetzet, daß die Compagnie alle Kosten, welche auf alle Art desfalls vorkommen, bezahlen sollen.

Artikel die Einrichtung und Formirung des Regiments betr.

1) Das Regiment soll aus 2 Bataillons und jedes Bataillon aus 10 Compagnien bestehen, nämlich 8 Füselier Compagnien 1 Grenadier Compagnie und 1 Compagnie leichter Infanterie. Die Mannzahl jeder Compagnie ist 100 Mann.

Staab eines jeden Bataillons

1. Oberst Lieutenant
1. Major
1. tit. Capitain oder Capitain Lieutenant
1. Adjudant (Adjudant Major) mit Lieut. Rang
1. Adjudant mit Fähndrichs Rang
1. Auditeur mit Lieutenants Rang
1. FeldPrediger
1. WundArzt (Regiments Chirurgus)
2. Cadets
5. Compagnie Chirurgi wie Sergeanten
1. Regiments Tambour wie Sergeant
4. Hautboisten wie Gefreyte (Lance Corporal)
1. Büchsenschmidt (Rustmeister)
1. Provos wie Gemeiner

Jede Compagnie soll bestehen aus

1. Capitain
2. Lieutenants
1. Fähndrich
3. Sergeanten
1. Corporal (Gefreite Corporal)
1. Fourier
3. Corporals
2. Tambours
12. Gefreyte (Lance Corporals)
74. Gemeine

100.

Zum Dienst der Artillerie per Bataillon.

1. Sergeant
2. Corporals
12. Canoniers

2) Da es bey den Teutschen Truppen gewöhnlich ist, daß zwey 3 oder 6pfündige Canonen bey jedem Bataillon sind, so

will die Companie Befehle geben, daß diese aus ihren Magazinen angeliefert werden, solche bleiben sodann bei dem Bataillon unabhängig von dem Artillerie Corps während der Dienstzeit. Nach deren Verlauf werden sie zurückgegeben.

3) Das Werbe Geld für jeden Mann, die Unter-Officiere mit eingeschlossen, ist auf 5 Pf. Sterl. festgesetzet.

Das Maas der Leute ist mit dem Maaße der marschirenden Regimenter in Engelland einerley.

Artikel den Unterhalt, Bezahlung, Sold und Verpflegung betr.

1) Die Unterhaltung des Staabes vom ersten Bataillon (den Provos und die Hautboisten allein ausgenommen) ingleichen die Unterhaltung der Leute zum Dienst der Artillerie des gantzen Regiments, wie auch aller Officiere, Unter-Officiere und Tambours vom 1sten Bataillon fängt mit dem 1sten Jul. 1781. an. Was aber die Unterhaltung der Gemeinen betrifft, so muß ein Schein producirt werden, wodurch die Anzahl der Leute die im Monath Julio angeworben sind, beglaubiget, und der von beyden von Sr. Majestät zu dem Ende bestimmten Commissarien, dem Baron Münchhausen, Geheimen Krieges Rath zu Hannover, und dem General Major Baron Busche unterschrieben wird. Bey dem Empfang derselben soll das Unterhaltungs Geld für die würcklich geworbenen Leute, für den gantzen Monath Iulius bezahlet werden. Und dieses soll in den folgenden Monathen fortgesetzet werden, bis der Rapport geschieht daß das gantze complet ist.

2) Auf dieselbige Weise soll die Compagnie alle vorgekommene Ausgaben ersetzen, die zum Unterhalt solcher Recruten schon im Monath Junio würcklich geschehen seyn könnten.

3) Sobald als das 1ste Bataillon vor die Officiere, die von der Compagnie zu dem Ende bestimmet werden, die Musterung passiret haben wird, soll der volle Englische Sold für das 1ste Bataillon seinen Anfang nehmen.

4) Die Abzüge werden eben so reguliret, wie bey den Königl. Truppen, aber deren Vertheilung wird nach dem Hannöverschen Fuße eingerichtet.

5) Die beyden Cadets per Bataillon empfangen denselben Sold und Verpflegung (Zuschuß) als diejenigen so die Compagnie verschickt.

6) Und weil das Regiment vom Tage seiner Ankunfft, in jeder Rücksicht auf demselben Fuß mit den Truppen Sr. Majestät in Ost-Indien gleich stehet, so sollen alle Papiere, die hierauf Beziehung haben und die die außerordentliche Verpflegung (Zuschüsse) sowohl in Garnison, als diejenige so Batta genannt wird, festsetzen abgeschrieben und diesen Artickeln als Theile davon beygefüget werden.

7) Da vorbemeldete Batta bestimmt ist, um alle Bedürfnisse im Felde zu bestreiten, so wird wegen Verlust von Bagage keine Vergütung verstattet.

8) Einem Commissario von der Compagnie wird verstattet von Zeit zu Zeit die Bataillons zu mustern, nach den Ordres die zu dem Ende erlaßen werden.

9) Die würcklich vorhandene Mannschafft des Regiments wird nach den monathlichen Listen, die bey dem Zahlmeister eingereicht werden, bezahlet, und den Officieren werden keine Vortheile, die von Vacanzen entstehen, verstattet.

Artikel die Mondirung und Equipirung des Regiments betr:

1) Eine Uniform ist hier als ein Muster für die übrigen verfertiget, und wenn sie wohlfeiler in Teutschland geliefert werden können, so wird der Überschuß der Compagnie berechnet. Alle Gewehre, Degen und Degen Gehänge, Grenadier Mützen und alle Ausrüstungen, wie sie in der eingeschloßenen Liste verzeichnet sind, Trommeln, Fahnen etc. sollen von der Compagnie nach den Rechnungen, die darüber produciret werden, bezahlet werden.

2) Das FeldGeräthe ist von der Gompagnie in Ost-Indien angeschaffet. Da es jedoch nöthig befunden ist am Bord mitzunehmen:

1. Officier Zelt,
8. Gemeine Zelte und
1. Gewehr Mantel per Schif,

so sollen diese vor der Einschiffung auf Kosten der Compagnie angeschaffet, und deshalb die Rechnungen davon gleichfalls produciret werden.

Artikel die Transportirung des Regiments betr.

1) Allen Officieren wird eine freye Überfahrt verwilliget, und die Gemeinen werden auf denselben Fuß gesetzet, wie Sr. Majestät Truppen. Und es soll deshalb eine Abschrifft von den Papieren die diesen Verpflegungs Fuß reguliren, diesen Artikeln angehänget werden.

2) Die Überfahrt von 2 Frauen per Compagnie wird genehmiget, aber keine Kinder sollen mit überführet werden.

3) Die Compagnie will demnächst für die Zurückkunfft des Regiments sorgen. Die Überfahrt der Officiere so auf Befehl oder Erlaubniß Sr Majestät zurückkehren, ingleichen die Transportirung der UnterOfficiers und Gemeine, so ihre Zeit ausgedienet haben, muß auf Kosten der Compagnie geschehen.

Artikel die Verpflegung der Krancken, Verwundeten und Invaliden betr.

1) Was die Curen der verwundeten oder kranken Mannschafft, die Hospitäler, Arzeneien rc. betrifft, so sollen besondere Artikel deshalb nach dem Erfordern des Dienstes entworfen werden. Da diese noch in Absicht der Königl. Truppen in Ost-Indien nicht ajustirt sind, so ist beliebt, daß Sr. Königl. Majestät Churfürstl. Truppen auf denselben Fuß, als Dero Englische Truppen in jenem Welttheile gesetzet werden sollen.

2) Officieren, die unter gehörigen Bescheinigungen wegen Wunden oder Kranckheit zurückzukehren genöthiget werden, wird von der Compagnie eine freye Überfahrt verwilliget, und empfangen bey ihrer Zurückkunfft eines Jahres Sold zum Geschenck. Im Fall die Wunden sie invalide gemacht haben, so wird ihnen auf lebenszeit halber Sold verwilliget, nach ihrem Range im Dienste, vorausgesetzt daß er nach dem Einrichtungs Vergleich mit Lord Clive beschwöre, daß er nicht in Vermögen besitze

ein ObristLieutenant	3000 £
ein Major	2500 £
ein Capitain	2000 £
ein Lieutenant	1000 £
ein Fähndrich	750 £

3) Invaliden im Dienste sollen auf das Etablissement der Invaliden in Ost-Indien, während der Capitulationszeit gebracht werden. Nach derem Ablauf bewilliget ihnen die Compagnie eine freye Überfahrt, und bey ihrer Ankunfft in England empfangen sie 4 monathlichen völligen Sold, um in ihr Vaterland zurückzukehren, woselbst sie zu einer Pension berechtiget sind, die alle 6 Monathe ausbezahlt wird, und ohngefehr 4 Pence 3 Farthings täglich beträget, jedoch auf gehörige producirte Bescheinigung, daß sie am Leben sind.

Artikel die neue Mondirung betr.

Das Regiment wird alle Jahr neu gekleidet, gleich den Truppen Sr. Majestät, und der Transport der Mondirungen geschieht auf Kosten der Compagnie von Zeit der Einschiffung zu Hamburg oder einem andern Ort.

Artikel das Commando des Regiments und seine Jurisdiction betr.

1) Was das Commando dieses Corps anbetrifft, so steht das Regiment in jeder Rücksicht auf gleichen Fuß mit den

Truppen Sr. Majestät. Die Avancements der OberOfficiere hängen gäntzlich von dem Willen und Gutfinden Sr. Majestät ab.

2) Und was die militair Jurisdiction betrifft, so ist deshalb ein besonderes Regulativ approbiret worden.

(L. S.) Joh. Fridr. Carl von Alvensleben. (L. S.) Lau Sullivan.

(L. S.) Wilhelm von Freytag. (L. S.) Willm James.

Anlage B.

Verzeichniß

sämmtlicher Officiere des 14. und 15. Regiments.

14tes Regiment.

Obrist Reinbold, ... gestorben in China auf der Rückreise von Indien.
" von Wangenheim.
Major von Kruse, ... in Pension getreten. Gestorben in Frankreich auf der Rückreise.
" von Spangenberg.
Capitain von Horn, ... in Pension getreten wegen zerrütteter Gesundheit.
" Bösewiel.
" Dröge, ... gestorben in Indien.
" Best, ... gestorben in Indien.
" Brunsich, ... geblieben bei Cuddalore.
" von Scharnhorst, . zurückbeurlaubt aus Gesundheitsgründen.
" Meißner, ... gestorben in Indien.
" König, ... gestorben in Indien.
" Müller, ... gestorben in Indien.
" Bergmann, ... gestorben in Indien.
" von Honstedt.
" Hüpeden.
" von Schlütter, . . gestorben auf der Rückreise.
" von Arentschild.
" von Weyhe, ... gestorben auf der Rückreise.
" von Reden.

Capitain von Zastrow, . . . zurückgekehrt wegen geschwächter Gesundheit.

" von Hinüber.

" Reinbold tit.

" Thiemann tit. Reg.-Q.-Mstr., ... pensionirt wegen Blindheit.

" Klingsöhr tit.

Lieutenant Hoesch, ... gestorben in Indien.

" Fahrenkohl, ... gestorben zu St. Juanna.

" Brauns, ... gestorben in Indien.

" Falkenberg, ... abgegangen.

" von Goeben, . . . abgegangen.

" de Meaumont, . . abgegangen.

" von Harling, . . in Pension getreten.

" Schrader, ... gestorben vor der Abreise.

" von Schultzen, . . in Pension getreten.

" von Behr, ... gestorben in Indien.

" von Roden, . . . in Pension getreten.

" Suerssen, ... abgegangen.

" Peters, ... gestorben in Rio de Janeiro.

" Riesenberg, ... gestorben in Indien.

" Olbers, ... gestorben in Indien.

" von Brincken, . . gestorben in Indien.

" Schlegel, ... gestorben in Indien.

" Gerber.

" Best.

" von Linsingen, . . pensionirt wegen Verrücktheit.

" Breymann,

" Ahrends, ... gestorben in Indien.

" Offeney.

" Wacker, ... in Pension getreten.

" Behm, ... gestorben auf der Rückreise.

" Laudon, ... in Pension getreten.

" Bruel.

Lieutenant Owen, ... gestorben in Indien.
" von Dachenhausen.
" Westphal, ... in Pension getreten.
" von Hartwig.
" von Haerlem.
" de Vaux.
" Baring.
" Diepenbroick.
" Riesenberg.
" Frederking, ... gestorben in Indien.
" Cordemann, . . . gestorben in Indien.
" Büttner.
" Hennigs, ... in Pension getreten.
" von Quernheim.
" Vietinghoff, . . . im Duell erschossen.
" Kotzebue.
" Barckhausen.
Fähndrich Compe, ... gestorben auf der Hinreise.
" Lübbers, ... abgegangen.
" Müller, ... geblieben bei Cuddalore.
" Schultze, ... gestorben in Indien.
" Meyenberg, ... gestorben in Indien.
" Thiedemann, . . . gestorben in Indien.
" Engelmann, . . . in Pension getreten.
" Kuntze, ... gestorben in Indien.
" Rumann, ... ertrunken.
" Falcke.
" von Ulmenstein.
" Deslen, ... in Folge Kriegsrechtsspruchs entlassen.
" Meister.
" Bösewiel.
" von Bahring.
" Baring.

Fähndrich Wiedau.
" von Heldrit.
" von Diepenbroick.
" Breymann.
" Strube.
" Wiesener.

15tes Regiment.

Obristlieutenant von Wangen-
 heim, ... nach dem Lande zurückgekehrt.
Major Varenius, ... geblieben bei Cuddalore.
 " Offeney.
Capitain von Plato, ... gestorben zu St. Juanna.
 " Schultze, ... gestorben in Indien.
 " von Hardenberg, . nach dem Lande zurückgekehrt.
 " von Zelle.
 " von Lixfeldt.
 " von Westernhagen, an den bei Cuddalore erhaltenen Wunden gestorben.
 " von Reden, ... in Pension getreten.
 " von Drechsel, . . . in Pension getreten.
 " Nolte, ... in Pension getreten.
 " Brauns, ... gestorben in Indien.
 " Voß, ... gestorben in Indien.
 " Wersabe, ... gestorben in Indien.
 " Du Plat.
 " Isenbart.
 " von der Wense.
 " von Pentz, ... gestorben in Indien.
 " Scheidemann.
 " Jordan, ... gestorben in Indien.
 " de Roques, tit. . . gestorben in Indien.
 " von Kauffmanns tit.
 " Clüver tit. R.-Q.-M., gestorben auf der Rückreise.
 " Kuhnhard tit.
Lieutenant Madelung, ... gestorben zu St. Juanna.
 " von Brandt, . . . gestorben in Indien.
 " Klußmann, ... geblieben bei Cuddalore.
 " von Bothmer, . . gestorben in Indien.
 " von Bülow, . . . gestorben auf der Hinreise.

Lieutenant von Brockes, . . . gestorben in Indien.
" von Schlepegrell, nach dem Lande zurückgekehrt.
" Linde, ... gestorben in Indien.
" Casten.
" Schowart, ... gestorben in Indien.
" von Schulte, . . . pensionirt wegen Verrücktheit.
" Wernicke.
" Leonhart.
" Müller.
" Isenbarth.
" Breymann, ... gestorben in Indien.
" von Dachenhausen, gestorben in Indien.
" Martin.
" Chevallier, ... in Pension getreten.
" Haßberg, ... gestorben in Indien.
" von Wintzleben.
" von Arentschild, . abgegangen.
" von Berger, . . . gestorben in Indien.
" von Brandis.
" von Dachenhausen, gestorben in Indien.
" de Tessier.
" Loewen, ... gestorben in Indien.
" Engel.
" Reh.
" Piccard, ... auf der Rückreise gestorben.
" Bernhardi.
" von Windheim.
" Rumann, ... gestorben in Indien.
" Pape.
" Kuhls, ... gestorben in Indien.
" Viercke.
" Müller.
Fähndrich Cordemann, . . . gestorben auf der Hinreise.
" Mey, ... gestorben in Indien.

Fähndrich Ziegener, ... gestorben in Indien.
" Beimel, ... gestorben in Indien.
" Friese.
" Chüden.
" Mächel, ... abgegangen.
" Hoeff.
" Hinrichs.
" Bruno, ... gestorben in Indien.
" Eisenlohr, ... gestorben in Indien.
" Hahn.
" Kahn, ... gestorben in Indien.
" von Plato.
" Breymann.
" Brauns.
" Hemme.

Zeitfracht Medien GmbH
Ferdinand-Jühlke-Straße 7
99095 Erfurt, Deutschland
produktsicherheit@kolibri360.de